U0125777

华章经典 · 金融投资

成长股
获利之道

PATHS TO WEALTH THROUGH
COMMON STOCKS

［美］菲利普·A. 费雪（Philip A. Fisher）著

杨天南 胡恒 译

 机械工业出版社
CHINA MACHINE PRESS

本书是菲利普·A. 费雪经典名著《怎样选择成长股》的姊妹篇，对于《怎样选择成长股》中所提出的很多重要投资理念，本书在深度和广度上均有所突破，可以说是其投资的实践篇或投资的实践指南。本书试图解决两个问题：首先，投资者应如何确定一家公司是否具有卓尔不凡的管理层，它能否通过有效的管理为投资者创造一种能实现市值长期高速增长的投资工具；其次，对于这家非同寻常的公司，投资者应怎样掌握股票的购进和抛售时机。

Philip A. Fisher. Paths to Wealth Through Common Stocks.

ISBN 978-0-470-13949-3

图书在版编目（CIP）数据

成长股获利之道 /（美）菲利普·A. 费雪（Philip A. Fisher）著；杨天南，胡恒译 . —北京：机械工业出版社，2023.7

书名原文：Paths to Wealth Through Common Stocks

ISBN 978-7-111-73341-6

I.①成… II.①菲… ②杨… ③胡… III.①股票投资 – 基本知识 IV.① F830.91

中国国家版本馆 CIP 数据核字（2023）第 107996 号

机械工业出版社（北京市百万庄大街 22 号　邮政编码 100037）
策划编辑：顾　煦　　　　　　责任编辑：顾　煦
责任校对：张亚楠　王　延　　责任印制：郜　敏
三河市宏达印刷有限公司印刷
2023 年 9 月第 1 版第 1 次印刷
147mm × 210mm · 8 印张 · 3 插页 · 155 千字
标准书号：ISBN 978-7-111-73341-6
定价：89.00 元

电话服务　　　　　　　　　　网络服务
客服电话：010-88361066　　机　工　官　网：www.cmpbook.com
　　　　　010-88379833　　机　工　官　博：weibo.com/cmp1952
　　　　　010-68326294　　金　书　网：www.golden-book.com
封底无防伪标均为盗版　　　机工教育服务网：www.cmpedu.com

"大家都信，所以它是对的"，如果你不认同这种说法，这本书就是献给你的，无论你是大户还是散户。

费雪家族鲜为人知的一项纪录

——《成长股获利之道》序

文 / 杨天南

研习巴菲特近30年，纵观这位迄今93岁屹立不倒的投资常青树，在其一生中，有四个影响最大的男人，分别是：父亲霍华德·巴菲特、导师本杰明·格雷厄姆、菲利普·费雪以及多年的好搭档查理·芒格。

对于这四位生命中的贵人，巴菲特均有评论。回忆创业之初，在他没有遇见费雪和芒格之前，当时生命中两个最重要的男人（父亲和格雷厄姆）均不支持他，原因是"道琼斯指数现在都200点了，实在太高了"。很多年后，巴菲特说："如果我当年听了他们的建议，一万美元还是一万美元。"

对于多年的好搭档芒格，巴菲特更是不吝赞美之词，最知名的一句是：“是芒格让我从大猩猩进化到人类。”相比之下，费雪应该是与巴菲特相处时间最短的。

谈到费雪，在我的印象里有这些标签：长脸，长寿，成长股之父，家族传承。

费雪全名为菲利普·A.费雪，出生于1907年，比格雷厄姆小13岁，比芒格大17岁，比巴菲特大23岁。费雪于2004年逝世，享年97岁，也算是价值投资者长寿的一个例子。

我多年前初见费雪照片时，第一印象是一张长脸，当然长脸不一定能和长寿画上等号，因为同样是多年前我第一次见到金庸先生的照片时，惊讶于他典型的国字方脸，这位武侠小说家也很长寿，享年94岁。

1958年51岁的费雪出版了《怎样选择成长股》（*Common Stocks and Uncommon Profits and Other Writings*），一举奠定了他在投资界的地位。自此之后，但凡提起费雪，名号都是大家耳熟能详的“成长股之父”。

巴菲特在读到这本经典著作之后，曾专门拜访费雪，而且受到的接待还不止一次，据说费雪有今天人们所说的“社恐”症，加之惜时如金，从不轻易见人，不止一次见同一个人则更为罕见，这表明他对巴菲特极为重视和欣赏。多年后，巴菲特功成名就，费雪也对自己当年的眼光颇感自豪。

早在1969年，巴菲特说过一句著名的话：“我的投资风格，85%来自格雷厄姆，15%来自费雪。”但是，多年以来，人们多次提到，如果让巴菲特重新表述一次，费雪所占的比重应该会大幅度提高。例如著名的《巴菲特之道》一书作者哈格斯特朗在20世纪90年代就曾直言："如果今天巴菲特有机会再重新表述一下，应该是一半格雷厄姆，一半费雪。"

投资史上的这段公案最终还是由巴菲特本人做了一个了结，在1995年伯克希尔－哈撒韦的股东大会上，巴菲特说："我认为自己既是100%的格雷厄姆，也是100%的费雪，在某种程度上，他们并不矛盾，只是各有侧重。"

费雪年轻时的一段经历给我的印象颇深。1928年从斯坦福大学毕业之后，到一家银行做证券统计员，当时还没有证券分析师这个词。当时的股市正处于整个20世纪20年代咆哮的牛市之中，但年轻的费雪却有着冷静的思考。在1929年8月，他向银行主管提交了一份报告，断言"25年来最严重的大空头市场将来临"。必须承认，在那个时点敢于发表如此惊人的观点，的确厉害。但是，年轻的费雪"看空做多"，损失惨重。

关于费雪的成长股投资，最为后人津津乐道的经典案例之一是摩托罗拉，持有21年，股价涨了20倍，折合年化收益率约为15.33%。

令人印象深刻的还有费雪家族子承父业的传承。无论是格雷厄姆的后人，还是巴菲特的3个孩子、芒格的8个子女，似乎没有听说谁在投资界大展拳脚，但费雪家族是个例外。

费雪的儿子肯尼斯·费雪也从事投资，1979年成立费雪投资公司，如今管理的资产超过1000亿美元。想想当年老费雪的客户人数总共不超过15个，这绝对是青出于蓝而胜于蓝。按照巴菲特

"每个人都有自己的画布"的说法，肯尼斯的这个画布绝对算得上巨大。

肯尼斯还是写作高手，问世的著作超过其父，此外，他还有一项鲜为人知的纪录。肯尼斯从 1984 年中至 2016 年底，为著名的《福布斯》杂志撰写文章，从 33 岁半写到了 66 岁，一共 32 年半，据称是历时最长的专栏。作为一个坚持了 16 年的专栏作家，我个人对此印象极为深刻。

回到老费雪这一代，在其第一部经典著作问世之后，它成为斯坦福大学商学院多年的必读教材。过了两年，他的又一部力作《成长股获利之道》问世，这本书可以说是第一本书的补充与完善，全书共分 5 章，分别为：从历史看投资，最大股票增值从何而来，投资人与金融业何去何从，不容小觑的细枝末节，成长行业分析。它既可以看作一本分析行业、分析企业的书，也可以视为一个时代的经济史，并且还可在增添的信息中，窥见子女教育的蛛丝马迹。

时代变迁，有创新也有轮回，反观投资界也有"十年回首来时路"之说，此次《成长股获利之道》的重译问世也为读者再次提供了一次温故知新的契机。本书的翻译工作主要由毕业于清华大学的胡恒博士担当，他在金融投资界浸润多年，常以读博的认真对待投资研究，令人敬佩。我们亦师亦友多年，此次翻译工作还得到了其清华大学师弟杨昭宇的鼎力支持，像费雪这样的投资大师，我们当然不容错过。

《成长股获利之道》是先父的第二本著作，可以说是他1958年经典著作《怎样选择成长股》的续篇。几十年来，《怎样选择成长股》一直是斯坦福大学商学院的基本教材，改变了无数读者的投资理念，包括沃伦·巴菲特，他曾说过该书让他脱离了单纯的本杰明·格雷厄姆的投资方式，并建立了自己的投资策略。尽管本书的销量、影响力和热度都不如第一本书，但对于所有希望认真研究市场的学生来说，它仍然具有重要意义和用处，原因有两个方面。

第一，这本书完善了第一本书中的概念，内容更加丰富且更有深度，其中很多是他后来觉得应该收录在第一本书中的内容。喜欢第一本书的人（数量颇多），都能在本书中发现更多精彩内容。这本书是在《怎样选择成长股》出版后不到两年内撰写的，也是先父在斯坦福大学商学院教授投资课程之前出版的。在这本书里，他详细阐述了自己的理念，即普通股票与伟大股票，以及普通企业与一流企业之间的差异。

第二，对于了解 20 世纪 60 年代投资行业状况，以及当时严谨专业人士的投资担忧，本书或许提供了最佳写照。从某些方面来看，它是一本史书。尽管家父写这本书的时候并没有这样的意图，但它实现了这样的效果。现如今，年纪大到足以对 20 世纪 60 年代有深刻记忆的专业人士已经寥寥无几，至少我就没有。我对那个时期的记忆，是透过一个男孩蒙眬的眼睛，看着父亲在餐桌上的谈论而来的，而我如今已经 56 岁了。[⊖] 如果你比我大 10 岁，即将退休，你的双眼应该会看到更多，但很可能当时你只是个没有太多经验的年轻初学者，正在摸索这个领域。20 世纪 60 年代是投资史上一个非常重要的时期，当时的股市达到一个高位，在后来 20 年内都未能超越这个位置。从一位顶级从业者的视角，了解投资者如何看待这个年代，这本书的重要性不亚于你能找到的任何一本历史著作。

2007 年，我出版了过去 13 年来的第一本书——《投资最重要的三个问题》，并被《纽约时报》评选为商业畅销书。这本书基于这样一个理念，即有很大一部分，或许超过一半我们信奉的投资智慧，其实都是虚假的神话。通过努力找到并判断神话真假，你就可以了解别人不知道的事，然后对它下注。因此，我喜欢《成长股获利之道》中的献词：

"大家都信，所以它是对的"，如果你不认同这种说法，这本书就是献给你的，无论你是大户还是散户。

⊖ 肯尼斯·费雪出生于 1950 年，本推荐序是他于 2007 年撰写的。——译者注

这句话用一种简化的方式，表达出了相同的意思。别忘了，这是现代投资组合理论被广泛采用之前的年代（距离马科维茨提出现代投资组合理论的基础，仅仅过了不到 9 年）。

先父首先提出一个问题："有没有必要再写一本关于投资的书？" 47 年后的今天，面对超出普通人理解范畴的众多无用投资书籍，这始终是一个好问题。每年，我们创作出的真正有用且经久不衰的投资书籍少之又少，甚至很多时候连一本都没有。

在第 1 章，先父从通货膨胀这个今天的头号问题开始。你会发现，他的分析既有缺陷，也有先见之明。存在缺陷的原因在于，他并没有机会接触米尔顿·弗里德曼即将提出并普及的全套货币理论。毕竟，他写这本书的时候，距离弗里德曼出版其开创性的、改变世界的著作《美国货币史：1867—1960》（*A Monetary History of the United States, 1867—1960*）还有 3 年时间。（此外，几年后，弗里德曼这本 860 页的著作才完全传播并被世人所接受。）

尽管如此，本书的分析仍然具有先见之明，作者引导你进行了一个极其正确的分析：央行加息和降息，为什么未必与控制通胀的货币政策一致。他向你展示了，为何在某些情况下，美联储加息实际上是增加而不是抑制通胀。他认为，美联储不应该将加息和降息作为对抗通胀的基础，即使是弗里德曼也会完全认同这些观点。然而直到今天，现实世界仍然会令先父和弗里德曼鄙视，因为央行用来应对通胀的主要机制依然是加息和降息。

接着，与弗里德曼相反，作者描绘的通胀图景，基本上是美联储在很大程度上会服从于社会的大趋势。我相信他是对的。如果你把美联储视为一个强大的受害者，受到长期缓慢变化的社会价值观所定义的庞大体系的拖累，就可以理解为什么在某些环境中，美联储的日子会相对轻松，而在另一些环境中，则会很艰难。他非常准确地预测到，通胀将持续下去，甚至会恶化。20世纪60年代，社会趋向于政府化，婴儿潮一代老龄化后支出增加，消费观念的转变导致了人们喜欢高价商品而不是低价商品，所有这些都造成了一波通胀加剧的浪潮。这一切已经为事实所验证。

但作者随后指出，我们还是有机会的。尽管普通股票可能无法抵抗通胀，但伟大股票可以。利用股市的波动，虽然机会很少，但如果做得好，一次股市的下跌便可以提供足够的反弹，抵消多年的通胀影响，这是他最接近支持市场择时的时候。

先父一再证明，科学技术是通胀的敌人、投资者的朋友。这本书可能是第一本预测科学技术对生产力、经济增长和通胀影响的书。毫无疑问，先父在这一点上一生都做得很出色。他认为，助推通胀的社会影响永不停息，而科学技术带来的效率提升和成本下降才是解决之道。

我就不再重复他对此的描述了，但他的观点在今天仍然是成立的。在我们现在生活的世界，看空通胀是错误的，因为过去十年的生产率飙升，超出了大多数预测者的预测能力。是什么导致了这种情况？正是先父50年前，在本书里预见到的事情。他坚定地认为，新工厂可以降低成本，并有助于抗击通胀，而政府几乎所有的做法，包括提高短期利率，都往往会延缓采用新技术（可降低成本）的新工厂的发展，并造成通胀。

在他看来，工会和科学几乎是势均力敌的死对头，工会加剧通胀，而科学降低通胀。只是他未能预料到实际发生的情况，那就是后来大多数工会都消亡了（发展迅速的政府工会除外）。他从未想到政府工作人员需要、想要或者被获准才能得到工会保护，不止如此，正如他指出的那样，他也从未想到确保婚姻幸福竟然成为政府的责任。

他关于税收如何影响股市的分析，也走在他所处时代的前沿——超前于供给学派。更有趣的是，当我们认为没有人考虑外国竞争和外国投资的时候，他却已经开始专注于此了。当然，后来大家都关注到了这些，但你必须把本书当作史书来读，才能知道这一点。

他有一句所有心怀抱负的富人都应该铭记在心的名言。在本书中，他写道："几乎所有家庭中的富有成员都会被其他家族成员嫉妒和讨厌。"多么真实，但请注意，很多人渴望成为被讨厌的人，真有趣！当然，他提到这句话是有别的用意，不过有一点是千真万确的：让你的兄弟姐妹、侄子和其他人嫉妒和讨厌你的方法，就是变得比他们富有。奇怪的是，有这么多人都如此渴望变富。

在第2章中，他对先锋金属公司的描述，又是一个我们都知道但从未仔细思考过的完美例子。一个人、一个想法可以让一家负债累累的公司和它不值钱的股票，在短短几年内就转变为一个创新的强者。先父表示，这个假想的案例并不是任何一家公司，而是许多公司的集合。然而，在重读第2章时，我惊讶地发现，12年后的纽柯（Nucor）公司，恰如这个案例的翻版。

肯·艾弗森将纽柯公司这家濒临破产的金属公司，转变为全球低成本钢铁生产商，并最终发展成为美国最大的钢铁公司。我自己小小参与了那段令人兴奋的历史，我在1976年发现了纽柯公司，并带领一群投资者投资了该公司，其中包括我的父亲，他一直持有这家公司的股票，直到他去世，并获得了超过100倍的利润。纽柯公司的故事和它几十年来的演变，几乎与先父虚构的先锋金属公司完全相同。如果你不熟悉纽柯公司，那么就错过了一个伟大的美国故事，建议你读读我的朋友理查德·普雷斯顿关于该公司的传记《美国钢铁》。

但这本书里还有更多的故事。先父写的那些改变自己领域的人物故事同样引人入胜。他写到威廉·R.休利特和戴维·帕卡德在创建惠普公司时，也发生了类似的事，这让人难以置信，因为在先父撰写本书的时候，惠普的市值只有1.5亿美元。如果当时有人买进惠普股票，并持有几十年，他们就发财了。德州仪器公司是他写过的另一家这样的公司，当时人们只要购买本书，然后买进这些股票，他们便能在未来几十年里击败几乎所有人，这本身就是一个了不起的故事。

在我看来，第3章不算是先父写得最好的一章。至少在我看来，从各个方面看都没有太多先见之明。自本书出版以来，关于如何挑选理财经理的书已经太多了。这一章最重要的贡献，或许是他在1960年便开始讨论这个流程。

但是，第4章是令人惊叹的。如果当时的首席执行官们，听从了他关于并购的建议，那么20世纪60年代企业集团混乱的场景，或许就可以完全避免了。他对愚蠢的并购，提出了鞭辟入里的批评。他准确地定义和预测了哪些并购往往能成功，哪些很少成功。简单地说，先父让你了解到，为何那些在自己核心能力领域垂直整合的收购者通常会取得成功，而那些追求横向多元化的收购却很少成功。当然，20世纪60年代的企业并购热潮，几乎都在纯粹追求横向多元化，事后看来，对社会效率提升毫无益处。凡是打算并购，或是持有并购公司股票的人，都应该熟读他关于并购的9项规则。这些内容在本书再版的2007年尤为重要，因为以现金为基础的并购达到历史最高水平。

第4章关于投票权的部分表明，我们目前对公司治理和股东投票权的强调是多么愚蠢。在这方面，他领先时代50年。几十年前，我们的社会在这个问题上（由政治家、社会科学家和律师领导）走错了方向，而且再也没有回来，给我们造成了很大的伤害。

他的另一个观点也很贴合2007年的潮流，因为他表明政客和政治并不是我们通常认为的那样，我们完全没有理由因为两个政党之间的权力转移而抛售股票，甚至改变持股类型。他在本书中更关注国会两党间的权力转移，而不是总统，这在2007年特别实用，这些内容虽然写于近半个世纪前，但好像是为2007年写的一样。

第5章的内容很有趣，一方面可作为历史研究，另一方面可作为商业分析的标准工具，他的重点放在了当时的行业分析上。表面上看，本章的大部分内容，都与今天希望获得股票购买建议的众多读者无关。大多数读者会对他花费如此大篇幅分析化工业感到惊讶，也很难理解他为什么这么做。但在当时，化工业是主要的成长行业，正如他所说，其增速大约是美国经济增速的3倍。如今，任何增速是美国经济增速 3 倍的产业，都会受到大家的关注，因此当时化工业受重视并不奇怪。

当时的化工行业很像今天的科技行业，是一个高速成长几十年的大行业，既有规模庞大、地位稳固的老牌企业，也有试图打入市场的小型初创企业。先父很清楚，如果你找到了合适的大型化工公司，因为其成长的安全性，你可以长时间依赖它。他特别提到了两家公司——陶氏化学和杜邦。如今，它们是美国最大的两家化工公司，如果你在当时买入它们中的任何一家，并持有到 20 世纪 70 年代、80 年代甚至 90 年代末，就能够在此期间跑赢市场。杜邦是当时美国最大的化学公司，陶氏化学则排名第五。

先父从来没有提过联合碳化物、孟山都和格雷斯等当时的其他大型公司，但它们都没有保持原来的独立公司形式，而是被分拆并出售给了其他公司，部分出售给了陶氏化学和杜邦。其他一些规模相对较小但在当时颇具规模的化工公司，如斯托弗和罗门哈斯，都已在几十年前被吞并及私有化。因此，先父专注于陶氏化学和杜邦的事实，证明他具有长远的洞察力，可以看出哪些公司有深厚底蕴，而哪些公司没有。

先父在 20 世纪 50 年代持有杜邦公司的股票，但在本书完成后，他在 20 世纪 60 年代初卖掉了该股，而他一直持有陶氏化学的股票，直到 20 世纪 70 年代末才最终卖掉。在他出售陶氏化学股票时，该公司已成为这个大幅整合行业中的第三大公司，如今则是美国最大的化工公司。如今，化工行业已经变得与大宗商品行业类似了，增长速度也比较低，很大程度上，已经成为一个典型的周期性行业。

或许在不远的将来，科技行业也会变成这样。先父在第 5 章没有谈到科技行业，而是谈到了"电子行业"。当时，电子行业是一个令人兴奋的新领域，小公司正在急速打败大公司，成长为巨头。他专门讨论了两家公司——德州仪器和 Ampex。德州仪器一直以来都是电子业巨头，而 Ampex 则已经消失不见了，成为硅谷早期历史上曾经闪耀过的亮点。

他将这些领域描述为高增长和高风险，可能更像今天的生物科技行业，而不是科技行业。在我看来，今天突破性的科技领导者，取得领先的真正原因并不在于技术本身（但生物科技公司是这样的），而是在于其激进与创新的营销和产品设计。无论是亚马逊、苹果、RIM（黑莓手机制造商）、eBay 还是谷歌，这些公司的成功根源都不是技术，也不是因为技术创新而实现增长的。相反，它们通过创新的市场研究、产品设计和分销来满足消费者需求。

具有讽刺意味的是，先父指出，最有可能成功的，是那些通过跨学科方式对销售、市场营销和市场研究进行整合的公司。今天，真正基于先进技术的公司，比如领先的半导体公司，增速基本上都放缓了许多，更像先父笔下的化工公司。我希望你们这样看待今天的电子行业，它们更像 20 世纪 50 年代的化工行业，而生物科技行业，则更像当时的电子行业。在第 5 章中，你会看到许多关于如何挑选公司，以及如何运营公司的窍门。先父一直强调卓越的管理，你可以在本章学到与一些普通领域公司相比，很多颠覆性公司是如何进行自我管理的。

在讨论完制药业之后，他在第5章"其他值得关注的行业"一节中，分享了或许是他最有先见之明的建议。1960年，他观察了许多新兴公司，这些公司处于行业边缘地带，它们之间的差异多过相似之处，而正是这些差异使得它们极具吸引力。这些公司可能不属于任何特定行业。他还发现一些公司，在当时新颖的"服务"领域内，开拓出了自己的市场。今天，美国服务业在经济中的比重已经超过制造业了，但在1960年，服务业在投资圈基本上属于很新且微不足道的领域。

在1960年，几乎所有的投资都集中在我们今天所说的制造业。本书中提到了A. C.尼尔森和万宝盛华这两家具有巨大潜力的新近IPO公司。此外，先父还谈到了一家在当时相当新的公司——邓白氏公司。尽管这些名字在今天听起来毫无新意，但它们在20世纪60年代都是非常热门的股票。

如果有人按照先父在本书中提及的股票，简单地建立一个投资组合的话，他在20世纪60年代的投资业绩应该会很好，大幅超越市场。20世纪60年代，这些股票验证了先父的投资策略，即《怎样选择成长股》一书提出，并在《成长股获利之道》里进一步发展的策略。他的基本思想是，从拥有优秀管理层的优秀公司中，寻找那些通过开发新产品，在未来许多年领先竞争对手的公司，其股票尚未被机构投资界充分了解与接受，因此未来股价涨幅有望超过企业的增长率，这一方法在47年后的今天仍然奏效。

后来，在他完成本书之后，他想出了一句经常问管理层的话。这是他写过的内容里，我最喜欢的一句话："你在做哪些竞争对手尚未做的事?"重点是"尚未"二字,这意味着只要做了这些事,他们将领先于竞争对手,获得优势,或是迫使竞争对手跟随。在我的人生中,我有很多次妥善运用了这句话,所以我强烈推荐你使用它,它一直是我商业奋斗路上的指路明灯。你在做哪些竞争对手尚未做的事?这是一个值得被反复使用的好想法,并且在本书中得到了很好的说明,尽管书中的原句并不完全一样。

然而,当你阅读本书时,你也会发现先父投资策略中固有的风险:如果没有正确地辨别管理层,你可能会挑选到错误的股票。本书提出的投资策略是稳健的,但在我看来,它最大的风险,不仅在于可能会误以为公司管理层很优秀,还有可能在你买入时,对管理层的判断是正确的,却忽略了后续继任的管理层并不优秀。这是一个很难克服的困难。在我的职业生涯中,我犯过很多次这种错误。现在,我采用了很多当时不存在的风险控制措施,以避免陷入此类麻烦。这些措施不在本书中,我建议你积极采纳这些 1960 年不存在的现代风险控制措施。

先父提出的投资策略,仍然是选股的最基本策略,而这正是他的第一本书经久不衰、持续畅销多年的原因,也是我很高兴和自豪地为他的第二本书再版撰写推荐序的原因。祝你阅读愉快!

肯尼斯·费雪

费雪投资公司创始人兼首席执行官

《投资最重要的三个问题》以及 Wiley 费雪投资系列作者

《福布斯》"投资组合策略"专栏作家

再增一本投资书的必要性

证券投资类的图书正变得越来越像电视广告和犯罪漫画，很多人认为这类图书已经太过泛滥，它们令人困惑、相互矛盾，令投资者对于投资股票不知所措，因此，在原已汗牛充栋的投资图书领域添加一本新书之前，我认真地考虑了本书的内容是会减少还是增加这种迷茫。两年前，我为这个已经拥挤不堪的领域增加了一本新书，之所以这样做，是因为我（现在仍然）相信该书提出了一种应该被世人所了解的投资哲学。该书引发的强烈反响，证明了我的结论是正确的。但现在再增加第二本书，除了让这个领域更加拥挤之外，是否还有什么其他意义呢？会不会像是在原本已有 20 种品牌的香皂市场中，再增加一个香皂品牌呢？

主要基于写作《怎样选择成长股》的经验，让我越来越相信，市场对这类图书有着基本的需求。我的上一本书，不仅总结了过去和将来仍将成功的股票投资方法，还给出了迄今为止我认为以最小风险获得最大利润的策略。上一本书主要想达成两个目标：第一，向投资者（或他的投资顾问）展示如何分辨出那些拥有出色管理层的公司，它们的市值可能会在长时期内大幅增长；第二，展示如何把握买进这些优秀公司股票，或者卖出先前精心挑选出来的股票的时机，只是后者比较少见。

自从上一本书出版以来，我就收到许多来自全美各地投资者的来信。从这些不断重复的问题咨询中，我相信我对于大部分（含潜在）股票投资者所渴望了解的内容，有了不同一般的见解。

他们的问题可分为两大类，其中一类是，如何将我的投资哲学（或任何其他投资哲学），应用于未来将面临的具体情况。例如，通胀问题有多重要，我们应该对此做些什么？国外竞争和海外投资前景如何？哪些行业最适合投资？本书的第 1 章和最后一章主要致力于回答这些问题，并向投资者展示如何能够获得收益而不受到伤害，因为未来几年一些强大但相互冲突的力量，将导致某些股票大幅上涨，而另一些股票则会让许多对它们寄予厚望的投资者失望。

在第二类问题中，很大一部分投资者似乎认识到了，我在上一本书中强调的一点：想要通过股票投资获取高额回报，既需要掌握一定的知识也需要一定的时间，而这些只有少数人拥有。因此，大多数投资者都想去寻求专家的帮助，这是很正确的。不论是哪个年龄层，也不管是贫穷还是富有，投资者总是反复问我这个问题："我如何找到一个可以真正信任的投资专家？"我发现，人们对投资行业各个细分部门的优缺点极度缺乏基本的了解。然而，正是这些背景知识，最能帮助人们找到他们要找的人。为了回答这类问题，我在本书中加入了"投资人与金融业何去何从"一章。在这些基础的背景知识之外，我还提出了投资者选择合适的投资顾问的 5 个步骤。最后，我还阐述了我对未来的看法，以及为什么相关投资机构必须采取行动以改善其现有提供投资建议的方法，这是一项重要工作内容。

除此之外，我还增加了另外两个篇幅较小的章节，讨论了一些目前仍然让许多投资者感到困惑的投资概念。我相信，其中有关"最大股票增值从何而来"的内容，说明了影响股票获利的最重要的因素，然而，90% 的投资者似乎完全不知道这一点。

就像我的上一本书一样，我在本书中采用了轻松非正式的写作风格，以第一人称的视角向读者们介绍这些原则，并用例子和类比来说明这些原则，就像我过去服务那些大型投资者时那样。

尽管我试图用简单的日常语言来表达自己的想法，但我并没有试图过度简化我想呈现的概念。过度简化会让人觉得，掌握股票投资的技巧很容易，同时也会导致投资者无法获得他预期的收益，因为他所得到的规则过于简单，它们只适合部分而不是所有的情况。在我的第一本书出版之前，有人告诉我必须放弃让它成为"畅销书"的机会，因为我想说明的，是发现杰出投资机会所需的全部事项，而不是误打误撞地投资，而这并不是每个人都可以轻易办到的。然而，公众对这本书的热烈欢迎，让我相信，一大部分投资者已经厌倦了过度简化的投资方式，因为其在实践中的效果不及预期，于是他们接受更复杂的投资方式，即按照实际情况描述投资事项。

　　同样，在我的上一本书中，我毫不犹豫地分享了我认为最好的金融课程，因为我所提倡的一些内容，可能部分或完全违背了目前被普遍接受的投资观点。在《怎样选择成长股》的第1版中，我表示："在股票投资的许多方面，存在着相当程度的思维扭曲，以及对似是而非观点的普遍接受。然而，……在股息方面，这种困惑是巨大的。"如今，在我写下这些话仅仅两年多以后，股市中就已经出现了一些相当惊人的例子，验证了我当时在这个问题上的观点。两年前还被广泛接受的错误观点，已经开始逐渐消失。同样地，我很清楚在本书的几个地方，我的立场与金融界普遍接受的简单、马虎的概念完全不同。例如，我对美联储对抗通胀所采用的"货币紧缩"政策的评论，对投资信托的评论，以及对海外投资是否明智的评论，等等。我一再指出，在投资领域，许多几乎每个人认为理所当然、未经思考就接受的观念，都被证明是错误的，那些经过深思熟虑得到正确答案的人，都获得了丰厚的回报。仅仅两年的股市波动，似乎就有力地佐证了我的观点的正确性，而这些观点在我的上一本书首次出版时，让大部分盲目接受当下流行观点的人目瞪口呆。类似地，我在本书中提出的观点是否正确，将留给未来及诸位去判断。

菲利普·A.费雪

加利福尼亚州圣马特奥县

1959年12月

| 目录 |

第 1 章

从历史看投资

有时，具有重大投资意义的基本面变化会对许多股票产生影响。通常，在感受到这些新变化之后的一段时间里，投资界绝大多数人对其重要性都知之甚少。之后随着变化的真正影响开始显现，相关股票的股价才会出现巨大变化。投资者如果能够在变化出现早期（股价尚未反映出来）便洞察其重要意义，那么他将能够因此大获其利。

首先，我们来回顾一下 20 世纪 50 年代金融界为应对新形势所做出的两个重大转变。回顾历史能够帮助我们更好地理解并预测 20 世纪 60 年代可能出现的新变化。

第一个转变是："工业蓝筹股"的公司管理艺术经过 25 年的持续进步终于被人们注意到了，并为其赢得了真正的投资地位。很多人可能不知道，就在 20 世纪 40 年代末，大部分投资人仍然认为，那些无法承受巨大风险的投资者只应该投资于债券、高级优先股以及少数公用事业股票。当时人们依然认为公司管理主要是家族事务，掌控公司的人可能非常能干，也可能完全没有才能。按照当时的惯例，公司的实际控制人除了会偶尔放权以外，几乎从未考虑过从外部股东利益出发建立并保持管理上的一贯性。在他们培养接班人时，通常考虑的是将权力移交给获得认可的年轻亲属，让他继续管理公司并维护家族利益。公司的控制人通常是独裁者，凭个人喜好做决策。他们从未考虑过收集足够的背景资料或者请教各类外部专家，来为其决策提供更好的事实基础。然而，一些比较机警的管理者已经在管理日常事务、制定长期规划以及关注外部股东利益的过程中取得了巨大进步，当这些进步最终被外界了解后，公司股价往往会迎来大幅上涨，这一切也都在预料之中。不过令人意外的是，通过彻底改善公司管理提升股票内在价值的趋势已经持续了很久，但直到近年股价才开始明显地反映出这一变化。

我们接下来考虑另一个对部分类别股票有影响，同时可能同等重要的新发展趋势，那就是越来越多的公司意识到，通过正确引导自然科学领域的"研究"可以开创新的技术，并开发出无数相关的新产品，进而通过营销实现收入和利润的大幅增长。同样地，这一重要发展趋势在很多年前便已经出现，并在 20 世纪 40 年代末得到产业界的广泛认可。但直到 20 世纪 50 年代，金融界才普遍意识到，公司掌握的这门极其有利可图的管理艺术具有重大的投资意义。进入 20 世纪 50 年代，这些最具前景的公司的市盈率才真正反映出了这项特色。

研究引发 20 世纪 50 年代股价调整的"新"因素，我们可以收获两条重要经验。首先，那些先于他人考虑到新因素影响的投资者，可以实现盈利（或是避免损失）。其次，新因素通常在持续了相当长时间后，才会反映在股价上。因此，要预测 20 世纪 60 年代会对股票产生同样影响的因素，我们没有必要去预测会对未来股票发展走势产生影响的背景因素。相反，我们只需要审视一下近期已发生的一些变化，相关股票的股价要么尚未充分反映其影响，要么以错误的方式做出了反应。

股票与通胀

通胀上升的威胁在 20 世纪 60 年代（与前 30 年一样）将继续成为所有投资者必须面对的重要问题。但在 20 世纪 60 年代，我相信人们对股票与通胀之间的真正关系将理解得更为深刻，其结果是一些股票的估值水平可能会和现在大不相同。投资者如果现在就能理解这些关系，未来或许就可以免受重大损失。

考虑到通胀对于投资的重大影响，我觉得在深入分析通胀与各种股票之间的关系前，有必要先花些时间对通胀的本质做一番探讨，因为只有理解了通胀产生的本质，投资者才不容易被政客的教条式言论所迷惑。

首先，我们需要考虑，通胀到底是什么？虽然对于通胀有很多复杂定义，但我认为从投资的角度看，纠缠于这些复杂的定义既无必要，也不值得。从实用角度出发，我们只需要将通胀理解为：用相同的钱能够买到的商品和服务越来越少（只在短时间内会出现轻微的相反情况）的情况。这种情况与美国历史上大部分时期的背景情况并不相同，因为历史上在经历相当长时间美元贬值（通胀）后，常常接着会出现差不多长时间的物价下跌，并使得美元的实际购买力相应增加。

关于通胀，投资者需要了解的第一件也可能是最重要的一件事情是：只要绝大多数美国人对政府职责的看法不变，那么通胀将不可避免。消除政府浪费、平衡政府预算是伟大的目标，如果能在不引发经济衰退的前提下实现，将会非常有利于降低通胀率，甚至可能在一段时间内完全阻止通胀。然而，美国政客有关今天的美国可以凭借这些措施永久阻止通胀的讲话，都只是纸上谈兵而已。

为什么通胀率必然会越来越高？答案是：在我们建立的经济体系下，通胀的种子在衰退（而不是繁荣）时便已种下。大约80%的联邦政府收入来源于公司和个人所得税，而这些收入来源很容易受到宏观经济的影响，即使是温和的经济衰退，也会导致联邦政府收入的急剧减少。

不过当经济真的变差时，不只会出现联邦收入的锐减。根据已经颁布的《失业保险法》和《农业救济法》等法律，政府有义务在经济最糟糕（联邦收入最低）时大幅增加政府开支。此外，几乎可以肯定的是，当发生严重经济衰退时，这些已经写入法律的支出可能只是政府开支的一小部分。回顾1958年经济轻度衰退时美国国会的举动，就很容易印证这一点。当时国会立即就提出了通过扩大财政开支来刺激经济的各种提案，范围涉及大幅削减个人与公司税额（以提升当时正在萎缩的购买力）、成立机构向贫困群体提供特别贷款以及实施大规模基础设施建设等。虽然许多提案最终未能获得批准，但未获批准的原因却很有趣。对于"是否真的需要这些刺激计划来结束经济衰退"，两党几乎没有任何反对声音，但共和党的立场是，无论如何经济衰退都会很快结束，所以不妨先保持观望，等到预期的经济好转未能实现，"刺激措施变得必要"时，再来批准并实施这些将引发通胀的刺激措施。

虽然事后来看，1958 年的经济衰退极为短暂，因此只有极少数刺激措施付诸实施，但对党派政治稍有了解的人都不会怀疑，如果出现更长时间的经济衰退，我们的民选官员几乎都会毫不犹豫地选择让财政出现数百亿美元的年度赤字，而不是让选民再次经历大萧条的苦难。对此，是否有人会觉得赤字财政政策不符合国家利益？可以肯定的是，巨额赤字必然会产生更高的通胀，同时物价水平的显著上涨也会带来不公平和痛苦。然而对于受影响的人们而言，这些不公与痛苦跟 20 世纪 30 年代初工人和企业主在大萧条时期经历的痛苦与艰辛会一样吗？

无论我们每个人对此有何看法，结局其实已经被民众共识决定了。一个半世纪前，公众舆论并不认为政府有义务保证经济的持续繁荣，就像政府没有义务保证每个人婚姻幸福一样（《怎样选择成长股》一书中的例子）。50 年前，公众舆论认为政府应该做一些代价不高的事情，比如建立食品救济机制以免真的有人挨饿。那时候，虽然公众舆论要求政府多承担一些责任，但当时的经济结构依然以农业为主，因此这些措施还不足以形成容易导致通胀的财政赤字。当然，那时候还没有联邦所得税，宏观经济的变化对政府收入的影响也不像今天这么明显。

今天的情况又如何呢？近年来，政府官员及其选民几乎一致认为，政府有责任保持经济的持续繁荣。然而不幸的是，当经济衰退来临时，政府能够开出的唯一处方却是通过赤字（支出超过收入）创造足够的购买力来扭转衰退，而这会造成更高的通胀。为了享受自由市场经济所带来的好处，我们似乎必须付出经济偶尔下滑的代价。只要我们继续所谓的民主政治，且公众舆论的观点不变，伴随衰退而来的通胀就会越来越多。

然而，对此还有一些问题需要厘清。正如许多人错误地认为专政可以抑制通胀一样，还有许多人错误地认为"一些内在机理会不可避免地使通胀加剧"。人们将通胀比喻成一匹马，开始时它缓步慢行，但最后常常危险狂奔，我们经常听到的通胀形容词"疾驰"和"失控"便来自这种类比。

相信通胀加剧将不可避免的人认为：随着价格上涨，有预见的人会意识到通胀将引发的影响，并在物价进一步上涨之前，提前购买未来需要的商品。这些新增需求往往会使物价比正常情况上涨得更快，之后加速上涨的物价又会让更多人注意到通胀的影响，使得更多人提前购买未来需要的商品，并进一步增强通胀螺旋上升的势头。消费者今天就购买他们未来才需要的商品，商人储备远超正常水平的原料库存，投机者则试图通过囤积居奇来赚快钱，所有这些都将助推通胀之风。

让人不解的是，在许多反例面前，许多本应客观评估通胀弊端的人却自欺欺人，宣称当下的温和通胀将不可避免地演变成可怕的通胀加剧，进而误导投资者。尽管他们多年来一直这样预测通胀，且迄今为止都没对过，但他们的观点还是得到了大众的普遍认可。这对投资者有重要的影响，我将在本章讨论此事。但在此之前，我们先来看看为何他们的观点与事实背道而驰。多年来，很多企业界人士都认同未来可能会出现越来越多的通胀。但是在和平时期，我们并没有发现企业界有任何因此而堆积库存的倾向。与之相反，我们发现企业都在不断想方设法来减少库存，原因其实不难理解，预期价格上涨就增加库存的做法，成本实在太高了，得不偿失。

为了清楚理解这一点，我们来仔细分析一下各项成本。首先，购买额外库存的资金本来可以赚取利息，而且如果公司手头没有富余资金的话，还需要通过借款来实现超额库存，此时成本就更高了。其次，要考虑库存的存储成本以及为库存购买遭遇火灾、盗窃或其他损失的保险费用。再次，不论在一年中何时拥有这些库存，都会被地方政府征税。最后，对于某些商品，还存在随着时间流逝发生物理变质的风险，或者是因流行风潮或技术变化而导致贬值的风险。

基于这些原因，尽管第二次世界大战（以下简称"二战"）以来通胀时有发生，并被人们察觉到，我们却并没有发现通过囤积库存来应对通胀的倾向。偶尔发生的囤积行为几乎都是因为害怕出现物资短缺（如朝鲜战争早期）或特定商品的涨价，绝不是因为担心普遍的通胀。甚至有些时候，即使特定的商品宣布价格将在未来适度上涨，也不会引发囤积行为，因为与仓储费用相比，提价的影响微不足道。

当然，这并不意味着一战后发生在德国和法国的恶性通胀不会在美国出现。失控的通胀也可能会在美国出现，如果真的出现，首先通胀的恶化程度必会大幅度加速，在此之前应该会有很多征兆。此外，基于之前讨论过的原因，通胀加速恶化将会发生在经济萧条时期，而不是经济繁荣时期。在经济萧条时期，通常会有许多抄底股票的投资机会，这一点对投资者而言意义重大，因为它意味着当股价处于高位时，投资者完全没有必要因为担心通胀会让财富贬值，就匆忙地将闲置资金投入股市中。

实际的通货膨胀率是多少？没有人能肯定地说出每年的通货膨胀率（即货币购买力减少比例），因为没有人敢保证那些为计量通胀率而设计的各种指数不存在问题。不过考虑到美国劳工统计局在统计消费者价格指数（CPI）时非常审慎，因此可以将 CPI 指数当作相对准确的衡量通胀率的标尺。从 1950 年初至 1959 年底，10 年间 CPI 的年均增速略高于 2%。我们假设 CPI 在衡量通胀率时存在 50% 的误差（尽管这不太可能），那么过去 10 年的通胀水平可能也就略高于 3%。

尽管很多投资者可能都会忽视这一结论，但它对于投资的意义显而易见，因为它意味着：从长远来看，通胀是投资中一个不可忽视的主要因素，任何十年里无法带来 20% ~ 30% 回报的投资，都应当被视为差劲的投资。

但另一方面，这也意味着投资者仅仅因为现金、债券和许多类别股票无法抵御通胀，就在发现合适类别股票的第一时间立即抛弃它们，也是误入了歧途。因为平均下来每年现金的购买力缩水幅度最多在 2% ～ 3%，这通常也是现金的税后利息收益率。这意味着如果忽略利息，现金在 4 年里的贬值幅度可能不会超过 8% ～ 12%。然而在任意年度最具吸引力股票的价格波动将远超 3%，在 4 年里其价格波动将会是 8% ～ 12% 的许多倍。

聪明的投资者应该这样正确对待通胀问题，从长远来看，他的目标应该是让所有投资都战胜美元购买力缩水的影响，但在短期里，他应该明白选择合适的投资标的并在正确的时间买入，会比迅速获得通胀保护重要得多。与此同时，如果投资者出于特定目的而预留了一笔资金，并计划在几年内使用这笔钱（例如修建房屋或带家人出国旅行），那么我认为他应该以现金形式保留这笔钱，而不是投资于那些好像能抵御通胀的资产，因为即使他购买了可以对冲通胀的资产，当他想要使用这笔钱时，资产价格下跌的幅度也很可能远超这笔钱以现金形式保留时购买力缩水的程度。

在通胀萌芽期，为什么有这么多投资者对持有现金感到不安？他们急于买入股票，而且完全不愿意花时间来寻找真正出色的投资机会。某些情况下，这可能只是个别投资者不成熟或没耐心的反映，不过我认为背后真正的原因并非如此。投资者之所以如此是因为他们不加批判地接受了以下普遍谬论：通胀的恶化程度必然会加速，因此处置现金及其等价物的速度至关重要。

我知道很多有思想的人会反对我的上述观点，事实上我也经常听到这些反对的声音。反对者认为我关于通胀的观点，即恶性通胀都是由战争或经济萧条（因此在其他时候就不必急于通胀避险了）引发的财政赤字造成的，完全是基于通胀源于货币扩张的假设。他们认为物价的稳步上涨是由其他原因造成的，那就是在我们的经济体制下，法律赋予了工会不公平的优势，即工会垄断了整个企业界所急需的工人供应，它拥有其他社会团体无法匹敌的力量。这使得工资持续上涨，企业也别无选择，只能通过提高商品的价格将压力转嫁给公众。工会的力量在经济状况好的时候比经济状况差的时候更强大，从而造成了越来越高的通胀。

我同意反对者大部分的观点，但我认为这些只是引发通胀的部分因素。虽然货币供应增加而非工资上涨才是导致通胀的直接原因，但这两者基本上是一回事。因为当工资增加速度超过生产力提升的速度时，管理层只能通过提高产品价格来将增加的工资成本转嫁出去，原因是公司每一美元收入对应的利润只有几美分，而工资成本是利润的很多倍，因此除了提价来转嫁工资成本压力外，也没有其他方法了。然后，这也会让政府迟早陷入别无选择的境地。政府可以通过联邦储备系统（美联储）增加货币供应，让公众能够买得起同等数量的涨价后商品，来间接"批准"这一轮的工资–物价上涨。当然政府也可以拒绝"批准"工资–物价的上涨，并将货币供应保持在先前水平，但如果政府拒绝"批准"，那么将没有足够的资金支撑公众以更高的价格买入同等数量的商品，于是经济衰退便会发生。此时，作为"资金管理者"的政府要么改变政策，要么放任经济进一步衰退。之后，随着联邦政府收入的减少和支出的增加，将产生大量的财政赤字并使得货币供应因此增加，最终工资－物价的上涨还是会得到"批准"。

不过幸运的是，如今有一股力量与大型工会几乎一样强大，而它对总体物价水平正好形成相反的作用，这就是近年来在工业界取得巨大进展的科学研究与工程技术。企业高管、科学家和工程师的团队合作是如此有利可图，以至于这个被哈佛大学萨姆纳·施利希特教授贴切地称为"探索的产业"成长速度惊人，其在过去6年间已经增长了3倍，目前每年的资本支出约为90亿美元，与30年前每年几百万美元的资本支出相比，几乎是直线上升。

人们很容易观察到庞大的工程师团队对物价的影响，他们利用新机器和新方法不断寻求让商品变得更加便宜。另一群庞大的研究人员团队，他们的工作是努力让商品质量更好，但由于工作成果不太容易被量化，因此有时候他们对物价的影响会被人们忽略。我举个例子来说明这一点：假设今天一条轮胎的价格与35年前相同，考虑到以前的轮胎经常会被扎破，现在的轮胎则很少被扎破，此外之前每条轮胎（即使以低速驾驶）的总里程只相当于今天轮胎标准里程的一小部分，因此，以包括维护成本的总费用来算，轮胎的价格其实已经大幅下降了。

这个不断成长的"探索的产业"使我们拥有了一股物价反作用力，其让商品便宜的趋势已经大大对冲了工资上升使得物价上涨的影响。从投入研发资本到更便宜或更好的产品问世，通常都需要比较长的时间，考虑到近年来研发支出的稳步增长，人们完全可以期待未来几年将会看到收益曲线也同样上升。因此，我们几乎可以确信，这一力量引发的降价趋势会越来越强，而不是越来越弱，而这正是我认为通胀虽然不会停止，但是会被这种强大的"刹车"力量削弱的原因。除了巨额财政赤字导致的大萧条时期外，投资者在其他时候都可以慢慢寻找偶尔出现的出色投资机会，不必因为担心通胀加剧，就在一遇到通胀避险机会时急忙投入。

一旦投资者认识到通胀必将居高不下，他关注的焦点将自然转向这样一个核心问题：在通胀的世界里应该将钱放在哪里？在很可能遭遇通胀的 20 世纪 60 年代，哪种类型的资产最适合持有呢？不过，在讨论这个问题之前，我认为投资者还应对一个重要的基本事项有所了解，而这将使他获利良多。

接下来我要谈的这件事将会挑战一个全球公认的信仰。有些观点仅仅因为被许多人认可就被视为真理，却没有人深入思考它们的正确性，以至于任何对这些观点的质疑都会被认为是不合时宜的。对此我想指出，历史已经表明，在每个时代的人类认知中，都有许多被几乎所有人未经思考便视为真理的观点，在后来被证明是完全错误的。比如，人们在经历了几个世纪后，才明白地球是在绕着太阳转，而不是相反，而就在一代人之前，最博学的科学家都会将"最坚硬的物质几乎是空的"⊖这一观点视为天方

⊖ 黑洞的密度极大，因此黑洞堪称宇宙中最坚硬的物质。——译者注

夜谭，但今天我们已经知道了这是事实。你还记得当年孕妇被告知要吃够两个人的营养的观点吗？后来我们都知道这种做法是非常不可取的。有些事情被认为是理所当然的，甚至连掌握权力、受人尊敬的领导人都会据此相应地制定政策，但这并不能使错误变得正确。

现如今几乎所有的银行家和政府都认为，加息（提高利率）是抗击通胀的方法。假如在目前的温和通胀时期，人们像理论经济学家的传统通胀观念预期的那样行事，或者像人们在恶性通胀中实际做的那样行动，那么加息将能够有效地遏制通胀。传统通胀观念认为商人、消费者和投机者都相信商品将会涨价，因此他们会竞相囤积现在不需要的商品，以免未来花费更多。这将加快商品价格上涨，直至库存过剩并导致繁荣破灭。由于囤积商品大部分要通过借款来实现，因此通过提高资金成本避免信贷增加将能够有效地遏制通胀。然而在现实中，上述群体并没有任何不必要或提前购买的倾向，因此通过加息来遏制通胀可能就像是用肺炎特效药来治疗暴食症患者一样。

接下来，让我们仔细地分析一下加息的真正作用，这对于选择投资时机很有帮助。首先，让我们看看央行主管们过去是一直怎么说的，要知道他们可是掌控权力的人，控制着银行的信贷供应，能够对利率产生重大影响。

央行主管们说："提高工资就是通胀，因为这会增加做生意的成本，并使消费者必须支付更多。"提高原材料、制成品或服务的价格当然是通胀，因为这不仅提高了受波及商品的成本，也提高了购买这些商品（或服务）的其他企业的成本，并导致其他商品也被迫涨价。然而，央行主管们却说："提高货币的成本是通货紧缩！"尽管他们这样讲，但企业必须借钱才能继续发展壮大，加息和其他成本上涨一样增加了做生意的成本，因此这种说法是真的吗？

奇怪的是，在特定情况下这种说法竟然是真的。只不过，这种情况与美国经济的正常状态极为不同。我们来看看这一特殊情况：假设市场需求接近经济总产能，大部分主要行业的产能都已经是它们工厂产能的最大值。再进一步假设商品（如钢铁）的实际消费量并没有市场需求的那么高，钢铁厂的超产能生产其实不止是为了满足市场上的实际钢铁需求，同时也是为了建造新的钢铁厂以满足未来预期的需求。换句话说，钢铁业被要求生产足够多的钢铁来满足当前的正常需求以及计划新建钢铁厂的需求。在此情况下，通过加息收紧融资具有两重意义：第一，可能会减缓新钢铁厂的建设速度，并使得部分钢铁需求延后，从而使得经济繁荣的时间延长；第二，更重要的是，这将迫使大多数公司适应在尽可能少的钢铁库存下维持运营。这样一来，或许就可以避免钢铁业下游客户因竞价购买钢铁，而使得供给略有不足的钢铁价格失控上涨的情况发生。只有在这种情况下，高利率和所谓的"货币紧缩"才能有效地遏制通胀。

然而，20世纪60年代的美国经济与刚才描述的情况大不相同。除了全行业罢工时，主要行业大多数时候的产能利用率都在70%～90%，几乎各个行业都有过剩产能，数百万人失业，而且情况还会持续。最重要的是，如今产业界正在考虑的一大批新项目，即那种在利率低时获批但在利率高时被大幅削减的项目，并不是为了扩大产能，而是为了改造旧产能使其更先进。由于用新机器和新制程取代了旧机器和旧制程，因此这些项目将会以更低的成本产出商品。

最能抑制通胀的莫过于上述这件事了，这是一件一举两得的抗通胀武器。一方面，通过为产业提供低息借款来更多地实施这类现代化产能更新，可以帮助产业降低商品成本。只要市场的竞争体系运作正常，这种成本的降低就一定能惠及消费者，只不过有时是以商品价格不变而工资提升的形式。另一方面，这些现代化项目将会为行业带来更多的订单，增加所有公司的业务量，并促使薪资提升，这将明显改善目前随着公司及个人所得税而波动起伏的联邦预算收入。

现在你应该明白为什么"货币紧缩"并不能像预想的那样减缓通胀了，实际上，随着时间的推移，它还会成为通胀的助推器。刚刚我试着说明，通过不断地用更便宜的方法生产出更优质的产品，科技（研究与开发）已经成为对抗通胀的一股强大力量。不过研究与开发这些节省成本的工程技术需要资本投入，因此产业界对新技术的应用会直接受到货币市场的影响。当资金昂贵且很难借款时，大多数公司将被迫只能使用其研究与工程部门最杰出的成果，其他优秀成果的应用往往需要被推迟或者放弃，因为无法取得应用它们所需的资金或者成本太高。因此，为防止通胀而提高利率的做法，实际上抑制了工业界在降低生产成本和价格方面的努力！

"货币紧缩"会使得通胀加剧，但它并不是通胀的唯一原因或者说根本原因。我之前也试图说明通胀的根本原因是经济萧条，因为经济严重衰退必然造成财政赤字的大幅增加，无论是1930年，还是1957年。每次美联储开始大幅提高利率，都会对经济产生同样的影响：产业界会削减资本支出，房屋建筑和其他主要行业都会受到波及，融资成本对于这些行业最终商品的价格影响很大，这些"周期性"行业的衰退，会波及其他行业，然后就会出现整体的经济衰退。自20世纪30年代大萧条以来，每一次经济衰退都导致联邦财政赤字的大幅上升，与此同时，更高的通胀也渗入了经济之中。

我花了太长的篇幅来说明高利率的影响，这主要是因为我认为高利率对投资者的重要性远超大多数人的认知。虽然投资者应该永远牢记通胀率很可能会越来越高，但是在通常情况下，通胀率的增长是非常缓慢的，投资者应该耐心等待有吸引力的机会出现，而不应该为了对抗通胀而盲目投资。然而，当货币利率开始上升同时货币主管也支持利率上升时，规则就有些不同了。投资者应该比平时更加谨慎，因为经济可能即将开始下滑。即使没有下滑，利率上升也很可能导致股票价格与债券价格一样走低。这虽然并不意味着投资者此时应该暂停一切股票投资（绝不能因为短期因素放弃真正有吸引力的投资机会），但他的确应该对买入标的更加挑剔。

然而，当货币紧缩的状况持续一段时间之后，情况将会发生根本性的变化。央行通过"货币紧缩"对抗通胀的做法，就像一个人因为感染了危险的病毒，决定不吃东西来饿死病毒一样，在病毒被消灭之前，他自己可能早就被饿死了。此外，由于随着时间的推移绝食会越来越痛苦，因此像大多数人一样，美联储通常会放弃"绝食"并改变政策。投资者通常无法确切地知道何时政策会出现扭转，但饥饿持续得越久、联邦财政赤字堆积得越高（伴随着资本性商品和建筑业遭受重创），政策急剧反转并再次引发通胀的可能性就越大。因此，财政赤字累积的时间越长，投资人就越应该确保他所投资的证券能够对抗通胀并适合长期持有。

哪些投资可以对冲通胀的影响呢？我认为，过去10年中那些有着天真想法的人，将在20世纪60年代迎来一次觉醒。人们普遍认为，几乎所有（代表资产所有权的）股票都能在过去、现在和未来抵御通胀，这个观点错得离谱。首先回顾一下过去，只要检查一下许多拥有巨额资产的公司的股票，就可以发现在过去15年物价稳步上涨（美元购买力因而不断缩水）期间，它们的股价并没有上涨，很多反而出现了大幅下跌。单凭这一点便可以推翻这个公认但只是貌似合理的观点："由于股票代表有形资产（如

土地、工厂、库存等）的所有权，在通胀时期，所有物品的价格
都会上涨，通过持有股票拥有这些资产将能够保障股东免受美元
购买力缩水的影响。"

许多投资者进一步诠释了这种论调。他们声称，在地下拥
有大量天然原材料的公司，如采矿和石油公司，是抵御通胀的理
想标的，因为随着美元贬值，这些实物资产的所有权将同比例增
值，因此能为这类公司的股东提供通胀保护。基于后面我将说明
的一些原因，其中的一些公司的确会为其股东提供通胀保护，不
过这是基于一些完全不同的原因，而不是因为这些公司拥有大量
实用的原材料。在 1958 年和 1959 年，许多以前自鸣得意的石油
股投资者已经开始发现了这一点。

如果我们牢记一个基本概念，就可以更容易地摆脱这种常见
的谬误，即"因为股票代表了有形资产的所有权，因此它们会自
动保护我们免受通胀的影响"。就一般的价格而言，我们购买的
商品之间的相对价值是不断变化的。尽管总体物价在这种壮观却
如冰山般缓慢的运动中可能是稳步（但缓慢）地上升的，但其中
有些商品的价格会上涨，而另一些则会下跌。在这个新发明和新
工艺不断涌现的时代，有时某些商品的生产成本会大幅降低，从
而使得其价格大幅下降。同样地，大众喜好的改变也会导致产品
或服务的价格出现明显的上涨或下跌。

为了说明这一点，我将举一个极端的例子，可能会有些夸
张，不过我认为，如果投资者要避免在通胀时期买入错误的股

票，则必须将此牢记心间。我举的这个例子发生在人类历史上最极端的通胀时期——20世纪20年代初期的德国。当时的德国马克（一战前汇率约为1马克兑25美分）忽然变得一文不值，以至于一度10亿马克还买不到一条面包。许多德国人了解情况后，都竭尽全力将不断贬值的马克兑换成实物资产，假设其中有个德国人为了抵御通胀而购买了一仓库的裙撑。在19世纪90年代，基于一些我无法理解的原因，当时的女性喜欢伪装（或强调）她们身体的某些部位，那个时候裙撑很有价值，囤积裙撑可能是非常好的投资。然而，到了20世纪20年代，除了戏剧服装偶尔对裙撑有需求外，裙撑早已变得毫无价值。无论价格高低，即使是以每个人都认为很快就一文不值的货币报价，都没有差别，没有人会想要裙撑，也没有人会买裙撑。裙撑这个实物资产在20世纪20年代完全不具备通胀保护的功能。

现在，我们再来看看股票。除非公司即将被清算，每一股股票背后的资产价值，其实和其股票价格没有什么关联。主要原因在于，除非公司将资产发放给股东，否则资产的意义只在于它能赚取的或金融界认为它将赚取的利润。如果你对此有疑问，并希望确认这一点，不妨进行一个简单的测试。找一个按字母顺序排列的纽约证券交易所上市股票的清单，随机选择其中的某个位置，然后对之后的20只股票进行研究。无论你选择了哪些股票，都会发现股价与资产价值之间没有关联。相较于资产价值，一些股票正在以相当于其面值巨大折扣的价格交易，而另外一些则在以相当于其面值许多倍的价格交易，完全无法从中找到规律。如果这还不能令你信服，那就再做一个测试。虽然不像前几年那样常见，但是券商经纪人还是会偶尔发表报告，呼吁人们关注相对其资产价值大幅折价的股票。从几年前的报告中找出一些此类股票，然后比较这些股票与大盘指数的后续走势。你会发现，公司的股价表现与其拥有的资产几乎没有关系。这些资产的价值在通胀时期可能增加，也可能不增加，只是持有这些资产，并不足以让股价按比例增长，资产价值本身并不能推动股价上涨。

真正推动股价上涨的两个密切相关的因素，一个是公司盈利能力的提高，另一个，通常也更重要的是投资界对其未来盈利能力走向的共识。这两个因素密切相关的原因在于，金融界往往认为，如果一家公司能够年复一年地快速提升每股利润，那么这一趋势将能在未来持续很长时间。撇开经济周期的短暂影响，这种推理通常是非常正确的，尽管偶尔也会错得离谱。无论以何种速度，每股利润的稳步增长叠加股票市盈率的上升（随着金融界越来越看重某只股票），才是成长股股价大幅上涨的主因。这样的组合在货币稳健时，可以为投资者带来丰厚回报，而在货币贬值时，则能够为抵御通胀提供最大保障。

换句话说，不论是否发生通胀都会大涨的股票才是唯一能够保护投资者财富免受通胀侵蚀的投资标的。这不是因为股票与抵御通胀有任何深刻的内在关联，它们之间根本不存在这种内在关联。碰巧出现这样的好结果是由于，一些公司经营良好使其每股价值增值的速度等于或高于通胀侵蚀投资者财富的速度，这意味着投资者的资产实际上得到了保护，避免了通胀的侵害。如果能在金融界搞清楚某家公司的吸引力之前，买进这些真正的成长股，将意味着在我们目前这样通胀率缓慢增长的过程中，股价上涨幅度将会超过货币贬值幅度，因此除了可以对冲通胀之外，投资者还将获得可观的盈利。

换句话说，挑选真正能够抵御通胀的股票的原则，与我在《怎样选择成长股》一书中讲的一样。你要寻找的，是拥有能干的管理层、能够利用研发或其他方式年复一年增加（忽略经济周期造成的短期波动）每股利润的公司。要确保管理层拥有维持这种增长的决心，并通过培养年轻高管，让他们接受相同策略的培训，来保障这种增长。之后，如果你能在金融界完全了解情况之前就买进这类股票，而且只要公司政策不变，无论价格涨到多高都选择长期持有的话，你将能够真的战胜通胀，并实现财富增值。在大家都了解到公司不寻常的特质之后再买进股票，你或许还能抵御通胀，但不会有财富增值了。相反地，买进一家资质平庸公司的股票，特别是在大家抢着买进时购买，你很可能根本得不到任何通胀保护。

许多人会问："如果大多数股票不能完全抵御通胀的话，它们是不是能部分抵御通胀？"毕竟，通胀往往会让经济不景气的时间缩短，而在经济景气的时候可能还会刺激经济。难道这一切不会让所有股票都拥有更强的盈利能力吗？增强的盈利能力难道不会创造额外的价值，并部分抵消货币的贬值吗？

我认为还没有足够可靠的证据能对此做出肯定的回答。然而，我倾向于认为，进入 20 世纪 50 年代，股票（单纯以股票来说）是抵御通胀的避风港的观点，在投资界被看得太重了，人们忽视了事实的另一面，即通胀是如何伤害股票的。

随着物价上涨，经营同样规模的生意将需要投入更多的资本。假设一家公司的经营已经非常高效了，只需要极少的库存便可以迅速满足客户需求，但即使如此，每轮物价上涨也都意味着它需要花更多的钱来维持同样数量的原材料、半成品和制成品。记住，除了在会计报表中，这些库存并不是流动资产，而是公司必须永远负担的资本性支出，因为公司要维持其现有地位就必须保持这样的最低库存。同样，随着物价上涨，会有越来越多的资金被锁定在应收账款中，用来维持（而不是扩大）业务的规模。总的来说，厂房与设备的资本开支是最重要的因素。有些厂房与设备的使用寿命较短，而有些则较长，但最终都会老化。一家公司所能采用的折旧率，取决于税务当局对每件物品使用寿命的估计。然而，古老且相当不公平的折旧法，只能让一家公司收回这些资产的初始购置成本，而不是替换它们所需的成本。因此，在通胀时期，所有公司都面临厂房与设备开支的持续财务压力与资本负担，其金额可能相当大，由资产初始成本与重置成本之间的差值决定。

从股东的角度来看，只有一种保护措施才能避免这种通胀导致的财富缩水，那就是依赖可以实现利润稳定增长的管理层。实现利润增长通常需要扩大现有业务，或在相关领域开创新的业务。利润必须增长得足够多才能够在通胀时期养育业务，因为除了要为现有业务提供所需的额外资本外，还要为新业务的发展提供资本，这需要管理层在选择正确的扩张领域时拥有强大的能力和判断力。拥有这种管理层的公司通常在非通胀时期也是最值得投资的公司，这也是管理平庸的公司的股票不太可能提供通胀保护的原因。

进入 20 世纪 60 年代，当未来几年通胀对财务的冲击加剧时，我相信了解这一点对于避免可能造成的亏损非常重要。在 20 世纪 40 年代和 50 年代初，所有预示通胀必然加剧的迹象都已变得十分清晰，就像过去 10 年一样。然而，出于某些原因，直到几年前许多投资者才注意到这些迹象。然后在 1956 ～ 1957 年，数百万之前对此不关心的投资者，突然开始对通胀集体恐慌，到了 1958 年和 1959 年，更多人加入了这一群体。在基本面没有任何变化、通胀也不比多年前更危险的情况下，他们表现得好像如果不立即买进股票（任何股票都可以）获得保护，自己的金钱就会消失一样。结果便是各种股票价格和市盈率的大幅飙升，这其中有些真的能够抵御通胀，但其余股票由于未来盈利能力会受到通胀的影响，很可能无法提供足够的保护，或者完全无法提供保护。

那些在 1956 ～ 1959 年涌入市场并第一次购买股票的富裕

人士，大部分可以被视为真正的长期投资者，而不是投机者。他们真的担心通胀，因此不再青睐免税的市政债券以及这些免税债券为富裕投资者提供的更高税后净收益。他们买进股票，有时甚至不考虑价格。他们把股票锁进保险箱，以为自己将不会在未来受到通胀的侵蚀，他们认为无论以什么价格买入，随着时间的推移，通胀都会使股价变得更高。

我认为由此造成的一种情况值得 20 世纪 60 年代初的精明投资者密切关注。我这么认为是因为我觉得可以合理认定，这些新进入股市的富裕投资者或许在其他领域拥有杰出才能，但投资智商却都比较低。否则，在所有通胀迹象都跟至少 10 年前一样明显的情况下，他们就不会那么长时间专注于无法抵御通胀的免税债券了，更不会如此迅速且盲目地接受"不管股价高低，所有股票都能提供通胀保护"的说法了。

我相信以下这种情况很可能会发生：这些最近在通胀诱导下买进股票的人，很可能会表现得像一个一辈子活在地下而对天体运行一无所知的人。晚上八点整的时候，你带他去看月亮，并告诉他："今天晚上，月亮会跨越整个天空。"他饶有兴致地看着月亮，但看不到它在移动。于是他一直盯着，八点零一分，月亮似乎仍然在同一个位置，八点零二分，仍然看不出任何变化，八点零三分，依旧如此，八点零四分，因为月亮看起来还是待在原地，他带着埋怨放弃了。他决定不再浪费时间，而是去做些别的更有收获的事情。然而，如果他到凌晨两点再回来看看，就会发现此时月亮的位置与八点零四分时月亮的位置相比已经有了巨大的变化。

我认为，这种情况很容易发生在那些最近因为通胀而买进股票的人身上。以通胀目前的发展速度来看，他们在买进股票之后的数月甚至数年里，可能都很难看到通胀会成为一股强大的力量。他们的心态会变成上述八点零四分的状态，被"通胀真的没那么重要"的普遍感受所影响，就像他们买进股票时，被"自己没有得到保护"的集体恐惧所影响一样。如果这种情况发生（很可能就发生在真正需要抵御通胀的时候），那么进入20世纪60年代后不久，由此导致的大规模逃离股市的行动将会在短期内对市场造成重大影响。

对于机警的投资者而言，这一可能性开辟了两条可以立即采取行动的途径。一方面，当许多常规股票在以过去的标准来看似乎极高的价格交易时，他或许可以重新审视自己的持股，并剔除那些并非真正杰出的股票。另一方面，正如我在《怎样选择成长股》一书中反复强调的那样，真正杰出的股票可能暂时定价过高，但这不应成为投资者出售它们的原因，因为很可能出现：①预期的价格下跌不会发生；②如果价格下跌发生，投资者将等待更低的价格，而且往往在股价攀升至更高水平才会再次进场；③等到市场开始反映通胀因素时，股价将持续上涨，以至于在即将到来的谷底其价格仍将高于当前价格。

当大部分投资者对"所有股票都能抵御通胀"的想法失望时，

机警的投资者将会迎来另一个投资机会。那些很难找到的真正成长型公司的股票，至少会因暂时的大量抛售而变得便宜。如果出现这样的抛售浪潮，将很可能会给投资者带来买进真正抗通胀股票的稀有机会。在通常的市场回调中，各类股票价格都会大幅下跌，但只有真正的好股票才会快速迎来复苏，并再创股价历史新高。

　　总之，我认为，到了 20 世纪 60 年代末，投资大众很可能会普遍接受目前的观点，即越来越多的通胀是不可避免的，在进行任何投资时，最重要的考虑因素之一就是保护自己免受通胀侵蚀。然而，我认为到那时，投资者在保护其持股的机制方面将达到今天无法想象的娴熟程度。并不是所有的股票，而是只有那些在非通胀时期表现优异的股票，才会被视为真正能够抵御通胀。人们会明白，货币购买力的下降与股票价格的上涨没有因果关系。与此同时，人们也会意识到，除了股票可能很便宜的经济萧条时期外，其他时候几乎没有任何理由需要急着买进股票以对抗通胀。选择合适的股票是最重要的，而现金贬值的速度是非常缓慢的，因此投资者有充分的理由选择等待，需要的话可以等几年，直至出现合适的购买机会。不过，投资大众在这个问题上变得娴熟的过程可能既不容易，也不轻松。在 20 世纪 60 年代早期，有一段时间人们可能会对"所有股票都能抵御通胀"的观点感到相当的沮丧和失望。机警的投资者不妨检查一下自己的持股，看看这些股票是否本来就不具备吸引力，只是被大家误认为可以抵御通胀，才涨到异常高的价格。之后，如果发生大规模的抛售，他还可以趁机购入一些极具吸引力的股票。

机构买入

股市里的机构买入主要有五个来源：①养老及利润分享基金；②私人信托，以大型银行的信托部门为代表；③投资信托；④保险公司；⑤教育和慈善机构，包括资金雄厚的大学进行的大型交易。

在20世纪60年代，机构买家对股票的重要影响绝不亚于我们之前讨论过的通胀，但它却是全新出现的。与通胀的情况类似，不同的是，投资者对这种相对新的影响的真正意义会有更清楚的认识——更了解如何利用这种影响获利，以及如何避免受到它的伤害（更重要的事）。

简单回顾一下金融历史，可以让我们对这些问题有更好的理解。20世纪30年代，大多数时候股票的价格都很低，人们普遍认为背后的主要原因有两个，一个是经济低迷，另一个是大量投资者对于罗斯福政府即将采取的政策忧心忡忡。然而除此之外，还有第三个重要但鲜为人知的力量在压低股价，那就是我们的税法在市场中形成的金融机制。

在20世纪30年代，美国联邦及各州的所得税率虽然没有现在这么高，但是以之前和平时期的标准来看已经属于很高的水平了。这意味着大部分富有的股东去世后，都必须变现大量股票才能缴纳税款。当高额所得税大幅削弱富裕阶层储蓄能力的时候，这种去储蓄现象（迫使大量股票进入市场，这些股票本来可以留在市场外的保险箱里）就发生了。这个富裕阶层是买进股票的主力，换句话说，在这十年里股价存在着内生的下行压力，那些有意购买股票的投资者的新储蓄，不足以支撑这一时期新股发行以及遗产清算释放出的大量股票供应。

接着在二战后，一股全新的力量及时出现，完全扭转了这种失衡的局面，这就是机构买家。当然，并非所有的机构买家都诞生于这一时期，私人信托、保险公司以及教育和慈善机构多年来一直持有大量股票。此外，还存在一些投资信托，尽管数量远不及即将到来的繁荣期。随后的几种新兴力量，都先后对股市中的某些领域产生了推波助澜的作用。

首先是公众认知的明显进步，股票作为保守投资得到了认可。其结果便是，专业私人信托、教育和慈善机构投资中股票的比例大大增加了，而保险公司资产配置中股票的比例也有所增加。与此同时，观念的进步也推动了开放式股票投资信托⊖的高速增长，并为股票型养老及利润分享基金的迅猛发展铺平了道路。

养老及利润分享基金稳步增长，在金融上的重要意义在于，它开启了一个全新且重要的股票买入资金来源。原本流入工厂工

⊖　现如今的公募基金。——译者注

人和低收入办公室工作人员口袋的资金现在正通过养老及利润分享基金进入股市，而之前这两个群体持有的股票数量都微不足道。与此同时，越来越多的投资信托销售人员发现，向这些从未想过用储蓄买进股票的群体兜售投资信托十分有利可图。如此一来，先前将储蓄投入其他资产的群体对股票的需求也就越来越多了。

简而言之，进入 20 世纪 50 年代，机构买入的影响将远超战前的高遗产税率和高所得税率，并为股市提供向上的动力。此外，正如我已经多次强调的，大部分机构买入对股价造成的影响，会远超同等规模的个人买入，因为机构买入股票后大部分会持有很多年（虽然中间也会换股），有时甚至会永久持有，它们不会像个人那样频繁转手，因此市场中的存量股票会逐渐减少。只有当股票天生优于其他投资的基本观念出现重大改变时，这些股票才会重新回到股市。不过这种基本观念的转变通常是相当缓慢的，就像股票获得目前的高度评价需要很多年一样，多年以后，基本情况的改变才会让人们的观念慢慢发生改变。

在 20 世纪 50 年代，来自前面提到的这些机构的新增买入到底会有多大规模？尽管没有人能确切地知道具体数字，但一些零星的数据还是能反映出其规模的庞大。1959 年底，恒康人寿保险公司的主席拜伦·埃利奥特在旧金山的一次演讲中预测："到 1960 年底，私人养老基金的规模将比 1940 年时增长 20 倍，总额达到 480 亿美元。"同年 7 月，麻省理工学院工业管理学院金融学副教授维克托·安德鲁斯在美国劳工部的《每月劳工评论》中写道："养老基金中股票的占比已经从 1951 年的 12% 上升到了 1958 年的 27%。"同月，美国银行家协会在《华尔街日报》上表示：根据一项全国性科学抽样调查做出的估计（"比过去的估计要可靠得多"），美国银行业中私人信托账户的总资产中，有大约 61.7%（306.645 亿美元）为股票。1959 年 11 月，波士顿基金（一家共同基金管理公司）的一项调查显示，截至 1959 年 6 月 30 日，68 所大学和高校一共持有价值 3 912 919 958 美元的股票，约占其资产的 56.6%，高于一年前的 51.7%。即使通常对股票不感兴趣的人寿保险公司，似乎也开始加入这一潮流。最近，保险巨头公平人寿保险公司的主席小詹姆斯·奥茨表示，尽管截至目前股票在公司 96 亿美元的投资组合中占比较低，但他计划在未来 10 年每年买进约 4000 万美元的股票。人寿保险公司计划增持股票的趋势将会对股市产生怎样的影响？《华尔街日报》的一项调查可以给我们一些启发：公平人寿保险公司的资产中股票占比只有 0.4%，最大的人寿保险公司大都会人寿保险公司则为不到 0.2%，英国保诚集团为 2.3%，纽约人寿保险公司为 3.1%，恒康人寿保险公司则为 5%。

　　同样地，全国投资公司协会估计，投资者在 1959 年购买了 23 亿美元的共同基金，而一年前的数字只有 16 亿美元，此外 1959 年共同基金的赎回金额为 7.8 亿美元，而 1958 年则为 5.11

亿美元，由此可算出 1959 年涌入共同基金的新资金大约为 15⊖亿美元，而 1958 年则为约 11 亿美元。这意味着投资信托（共同基金）每年会从市场上买入超过 10 亿美元的股票，并将它们加到投资组合中。

纽约证券交易所的一项研究或许总结了全部这些趋势，其研究表明，截至 1959 年底，机构作为一个整体拥有 16.6% 的交易所上市股票，总价值约为 510 亿美元。据报道，10 年前这一比例仅为 12.4%，对应总市值约为 95 亿美元。

然而，这些都是历史。了解历史会有助于我们赚钱，因为它能够让我们对将要发生的事情做出更准确的判断。进入 20 世纪 60 年代，我们首先面临的问题是：未来十年，机构买入对市场的影响会越来越大还是越来越小？

要回答这个问题，我们首先要考虑到对股市产生巨大影响的机构买入并不全是来自新基金投资，另一个重要来源是之前投资于其他资产而如今转向股票的资金。今天，股票受到高度评价，与过去相比，已经有相当高比例的资产投资于股票了。这个比例在 20 世纪 60 年代会更高吗？如果会的话，那么即使各类机构的资金规模没有进一步增长，也依然会对市场产生巨大影响。

我相信，20 世纪 60 年代机构持股的比例仍将继续上升，尽管上升的速度可能不会像 20 世纪 50 年代那样快。不过在 20 世纪 60 年代，持股比例不需要增加很多就能对股价产生重大影响，

⊖　原书此处为 18，疑似笔误。——译者注

原因是 20 世纪 50 年代的机构买入（我指的是股票整体的净买入，而不是从一只股票切换到另一只股票）已经从市场上拿走了许多股票。因此，20 世纪 60 年代的机构买入对股市的影响将进一步深化。

我认为，有几个原因预示着资金将进一步转向股票，只不过幅度会比不久前更温和一些。股票需求有望增加的一个重要标志是，各州和其他政治分支机构已经开始把它们资产庞大的养老基金投资于股票了，而这个趋势才刚刚开始。除非突然出现熊市，将这一趋势扼杀在摇篮之中，否则它将很可能会演化为一支重要的市场力量。

与此同时，有些受托人（特别是年龄较大的受托人）仍然习惯于在信托中持有一定比例的债券。这样做不是因为有什么合理的理由，只是因为他们在债券被视为信托天然支柱的年代，形成了他们的投资习惯，他们根本无法想象有不持有任何债券的信托基金。随着这些老年人被那些在债券不太受重视的环境中长大的年轻受托人所取代，这些信托账户持有债券的比例也将进一步下降，其中很多情况下，股票都将取而代之。

不过，有一些因素可能会在某种程度上阻碍这一趋势，当然并不会扭转它。与 20 世纪 50 年代的大多数时候相比，债券的收益率相对于股票或许会更有吸引力（政治影响可能扮演重要角色），如果这种情况发生，就会有许多人（包括一些有充分理由这样做的人）更倾向于当前收益高但本金有贬值风险的债券，而不是当前收益低但本金可以长期增值的股票,这会使得一部分人回归债券。重点关注以下两种情况:①债券价格很低,以至于人们预期债券价格会在短期内有足够多的反弹以抵消未来更高通胀带来的贬值;②股价非常高,以至于人们担忧短期内股价可能会大幅下跌,而不是通常预期的继续上涨。

除此之外,我认为还有另一个更重要的因素可能会降低机构在20世纪60年代配置股票的比例。在科技开启了众多投资机会的时代,如果投资得当,股票非常适合成为机构投资的主阵地。然而,我认为许多投资经理,包括受托人和其他人,没有能力做好股票投资。20世纪50年代的大牛市,在很大程度上掩盖了他们在股票投资方面的无能,但股市的这种单边上涨是不正常的,不能指望它永远持续下去。在20世纪60年代的某个时点,可能会出现一次比1957~1958年更长的熊市,届时他们的这一弱点将暴露无遗。机构投资者和信托基金的受益人到时候也许应该会对投资经理感到失望,但出于自尊,他们会将其归咎于投资了股票。这或许会阻碍机构投资者在20世纪60年代转向股票的趋势,但我怀疑一两年的时间是否足以扭转这一趋势。

上述因素会影响机构管理的资产转向股票的速度。现在,我们面临另一个对市场有同样重要影响的问题:机构资金总体上会增长还是萎缩? 20世纪60年代新募集的基金是否会像50年代那样进入股市? 如果会的话,所有股票投资者都必须要考虑这一影响! 我认为,通过评估各类机构的未来发展前景,可以获得对这一问题的清晰答案。

　　不过在此之前，我认为还应该考虑一个正悄然改变许多大型机构投资者投资业绩的基本变化，这不仅仅是表面形式的变化。尽管就机构整体而言，大多数机构的投资方式跟 10 年前并无二致，部分机构的投资方式甚至根本没有改变，但与此同时，许多重要机构已经做出了显著改变，这也体现在其不断改善的投资业绩上。如果在过去那个股票投资还不够成熟的年代，这些机构都已经大幅增加了对股票的投资，那么随着投资能力的提升，它们将很有可能进一步增加对股票的投资。

　　当大型银行、慈善组织、保险及投资信托组织开始担负买卖大量股票的艰巨任务时，它们大体上是通过设立"投资委员会"来完成的。有些委员会的成员全是机构的重要全职人员，而另一些委员会的成员则比较多元，包括机构内部的主管、杰出的企业家，甚至是董事会的固定成员。投资委员会往往会聘请一名或多名全职投资专家为其提供建议，不过投资委员会（在几乎所有情况下）仍拥有最终决策权。

　　在许多情况下，这些常被称为"证券分析师"的全职投资专家，并不是什么杰出的专家。尽管机构投资委员会的投资表现平庸，但在机构投资者尝试股票投资的初期，或许很有必要依赖这样的委员会，来评估未获认可的全职顾问的建议。

　　然而，真正有能力的证券分析师，已经开始出现在投资委员会的会议上了。对于一位称职的投资专家来说，在委员会起初的经历通常会让他备受打击。被任命为投资委员会成员的人，可能是该机构的财务主管、地方公用事业公司的总裁或是继承了 300 万美元遗产的人。有资格担任委员会成员，未必表示他擅长判断该买卖哪只股票，就像他没有资格判断副总统的盲肠是否应该通过手术切除，或者诉讼应该撤销还是成立一样。这些投资委员会成员或许会毫不犹豫地将此类医疗或法律决定，委托给相关领域的专家来处理，但由于他们都有处理资金业务的经验，同时又被任命为投资委员会的成员，这往往让人不再怀疑他们是否有足够的智慧来评判全职投资专家的每一项投资建议。

所有这些都不利于一名有能力的投资人士去应对一个持怀疑态度的投资委员会。通常，大多数（如果不是全部的话）委员的地位都在投资专家之上，不仅在公司内如此，在商业界和社会上也是如此，这使得投资专家更难让自己的投资建议获得认可。更何况，通常委员会雇用投资专家只是为了确定投资方针。因此，反对投资专家的委员通常都会占上风，因为当意见出现分歧时，就不能采取任何行动。这些因素往往导致投资决策最终取决于投资委员会中能力最差的成员。我经常听一位刚加入机构投资委员会的杰出投资人说："我知道我们应该买哪只股票，但推荐它是没用的，因为委员会永远不会同意。"

然而，随着 20 世纪 50 年代的结束，一再有案例显示许多有能力的全职投资人士开始在投资委员会中享有了很不一样的地位。随着他们的大多数投资建议被证明比委员会自己的决策要好得多，投资委员会开始将投资决策权交给这些专业投资人士。如果这样运作良好，并且这些银行、保险公司或大学的信托部门在投资领域的表现明显优于同行，那么将投资决策权交给合格投资专家而不是大型投资委员会的情况将会越来越多。我不确定我所观察到的样本是否具有代表性，或许存在一些例外情况，但我的经验是，赋予投资专家的权力越大，投资委员会成员的影响就会越小，最终工作完成的质量就会越高。其中的部分原因在于，原则上将决策权留给最有资格做决定的人是合理的，另一部分原因则在于，只有完全称职的投资专家，才能逐渐主导他所在的投资委员会，而不是反过来被名人云集的委员会所支配。无论如何，在 20 世纪 60 年代，竞争将使得这一趋势得到进一步发展，因此，许多大型机构买家的投资业绩仍将进一步提升，而随着这一趋势的延续，将有越来越多的投资人士寻求为这些机构服务，而机构对某些股票市场的影响也将越来越大。

讲完这些，现在我们来逐一分析一下各类机构买家的未来发展趋势。首先值得注意的是养老及利润分享基金，这是过去 10 年中发展最快的机构买家。我预测在未来 10 年里，养老及利润分享基金除了会继续大幅增加股票持仓外，应该不会再做任何其他事了。虽然过去已经成立了大量的此类基金，未来新成立的基金数量可能并不多，但是，现有养老基金的缴款计划以及利润分享基金未来几年可以预期的增量都表明，它们对股票的需求将持续稳定增加。

我相信养老及利润分享基金的未来计划都已经十分明确，只有一种可能会阻碍它们未来几年对市场形成强大利好，那就是如果这些基金的管理者在投资管理上不称职或不诚实，可能会导致它们失去目前的吸引力。许多小型基金的业务不够透明，因此无法对它们做出评判，但是一些大型基金运营良好，因此整个体系不太可能名誉扫地。

接着我们来关注私人信托，我认为同样可以肯定的是，在20世纪60年代，私人信托的规模也会进一步增长，而且其增速大致上应该与大型城市银行和信托公司的信托业务（和投资管理业务）相当。我有一个许多人可能不同意的观点，在二战之前，大量私人信托的经营并不理想，然而二战之后，从波士顿、纽约一直到圣迭戈，多家银行的投资管理水平都向前迈进了一大步，竞争迫使其他机构也采取了类似的变革，最终的结果是整个信托行业的繁荣发展。如果在20世纪50年代业绩不断提升的情况下，行业增长都能够继续，那么在20世纪60年代，当行业整体业绩水平有望更高时，它就更没有理由会停止增长了。因此，私人信托这一重要类型的机构对股票的需求也会增加。

同样地，我也不认为会有任何理由让保险公司购买股票的速度减缓。至于教育和慈善组织，第一颗人造卫星（Sputnik）的出现，使得公众舆论注意到了教育的必要性，而现代生活的无尽压力，则让每个人都意识到慈善的必要性，因此只要经济持续繁荣，将会有越来越多的捐款流向教育和慈善组织，虽然经济衰退时金额会少一些，但无论如何流向教育和慈善组织的资金都将是增加的。

　　对于投资信托，我认为预测其未来发展趋势是不可能的，在20世纪60年代，什么情况都有可能发生。经营较好的投资信托确实提供了有用的服务，因为它们为那些需要进行资产多样化但又无法通过其他途径实现的投资者提供了有价值的服务，即投资信托是他们实现资产多样化的方式。因为多样化，许多投资信托在其投资组合中包含大量"非机构"类型的持股，即不符合大多数其他机构买家要求的股票。现如今，投资信托还为一些大型投资者提供有价值的服务，因为这些大型投资者出于各种原因无法找到合格的专业投资顾问来为他们提供建议。投资信托的大规模多样化，让人们相信除非遇到大熊市，否则其资产不会大幅贬值，而且即使遇到熊市，其资产价值下跌速度也很可能会比市场要慢一些。当然，这些都是好的一面。

　　另一方面，多样化意味着在牛市中，大多数此类基金的涨幅可能跟市场差不多。许多人可能不同意我的观点，但我相信找到真正优秀的投资标的是很难的，个人或机构不大可能找到大量优秀的投资标的。因此，我认为投资信托多样化的基本特点，在某种程度上决定了它就是平庸和平均业绩的代名词。出色的投资信托管理公司正在努力实现高于平均水平的业绩，然而在我看来，要达到大多数投资者期望的出色表现，还有很长的路要走。

　　基于上述原因，我认为投资信托在20世纪60年代的重要性是上升还是下降，在很大程度上将取决于证券行业在 20 世纪 60 年代能否建立比目前更好的机制，来为中小型股票买家提供更好的服务。我将在本书的第 3 章中讨论证券业的未来发展趋势。不过，如果投资业务本身的结构没有发生根本性的变化（而且股市没有发生一些不好的事情），那么投资信托业务将会继续吸引许多人，并取得增长。

我认为，投资信托领域还将面临另一个威胁。随着开放式信托规模的大幅增长，一些批评家指出，由于投资者可以随时以净值赎回股份，因此尽管牛市里一切都安然无恙，但在熊市中却可能会形成恶性循环。大量的赎回请求将迫使投资信托大量抛售持股，从而（在股价已经下跌的市场中）进一步压低股价及净值，让更多持有人感到恐惧并想要赎回基金，而这又将导致更多的资产抛售，并进一步压低股价，从而导致更多持有人想要拿回现金。

理论上，这种恶性循环将使得股价下跌持续很久。然而在现实中，20 世纪 50 年代的熊市并没有造成这种大麻烦。不过从整体上讲，在 20 世纪 50 年代，股市处在异常的牛市氛围中。如果20 世纪 60 年代出现持续时间更长的熊市，开放式信托会因为失去投资人而规模缩小吗？

我不知道答案，不过我认为不能用"过去十年没发生过，因此未来便也不会发生"的说法来搪塞这个问题。我认为投资信托持有人现在可能对他的投资抱有过度乐观的期望，期待信托管理部门的业绩能够匹配这一预期是不切实际的，因为信托基金多样化的投资组合几乎注定了投资业绩的平庸。在多样化股票的组合中，其中一些股票的平庸表现大概率会抵消另一些股票的优异表现。考虑到这种"内在约束机制"，大多数投资信托取得当前这样的投资业绩已属不易，但仍然达不到许多持有人的期待，因此当预期破灭时，赎回可能会加剧。

如果这种情况发生，许多投资信托倡导的资本利得股息还会使情况进一步恶化，这种股息对于投资新手来说还是很具有欺骗性的。投资者都知道，资本利得（税务上的定义为持有 6 个月或以上的投资所实现的收益）的税率是个人所得税的一半，且其税率永远不会超过 25%。投资信托可以将实现的资本利得"发放"给股东，并将其宣布为股息，这对投资者很有吸引力，因为其税率比其他投资收入的税率要低得多。

这样做有什么问题吗？如果从税收以外的因素考虑，卖出股票是一个明智的决策，或者投资人只将股价涨幅超过市场表现的部分视为真正的获利，那就没有什么问题。然而不幸的是，通常并非如此。投资者喜欢这些资本利得股息，他们总是想要更多。基金的销售人员也明白将资本利得股息作为卖点会多么奏效，因此他们也想要更多。当整个市场上涨时，销售人员向人们兜售着跟市场涨幅相当的基金。在支付完资本利得股息后，基金又将余额投资到那些同样涨幅的其他标的上。不过，基金早已把获利以资本利得股息的形式返还给了股东，因此还能用于投资的就只剩下扣除股息的部分了。由于正要购买的股票也在跟随市场上涨，基金能买进的股票必然比之前拥有的要少得多。因此，除非要买的股票比已经卖出的股票好得多，否则这种资本利得股息（从投资，而不是会计理论的角度来看）本质上就是用本金支付的股息。

因为很多人不明白这一点，所以我们来举例说明。一家投资信托以 20 美元 / 股的价格购买了 1 万股北方钢铁股票，成本为 20 万美元。在股价为 30 美元 / 股的时候将其售出，得到 30 万美元。按照传统会计规则，其中的 10 万美元算作资本利得。由于持股时间超过 6 个月，因此投资信托可将这 10 万美元以受欢迎的资本利得股息的形式发放给投资者。然后，再将剩余的 20 万美元投资于另外一家南方钢铁公司的股票。由于钢铁股表现抢眼，目前南方钢铁的股价为 60 美元 / 股，而之前以 20 美元 / 股的价格买入北方钢铁股票时，南方钢铁的股价仅为 40 美元 / 股。因此，现在只能买到 3333 股南方钢铁股票，而不是当初购买北方钢铁股票时的 5000 股（南方钢铁股价是北方钢铁的两倍，因此同样金额的投资对应着一半的股份数），这意味着在发放资本利得股息之后，该投资信托在钢铁行业的持股数减少了 1/3，减少部分被当作"盈利"返还给了股东。

当然，如果日后南方钢铁的股价增值幅度真的比北方钢铁高出 50%，那么减少的持仓规模将被补足，资本利得股息也将被真正的（而不仅是账面的）盈利补偿。在投资信托的日常交易中，要看清这些资本利得股息的实质并不容易，因为现实中投资信托为了获取更多利润，很可能是出售石油股和汽车股，然后买入铜、集装箱和零售行业股票，而不是出售一只钢铁股然后买入另一只钢铁股。不过问题的关键仍然在于，由于投资信托将一部分资本利得作为股息发放，因此它买入股票的金额必然会小于卖出股票的金额。评判资本利得股息是否损害投资者利益的唯一办法是，看看几年以后，再投资股票的增值是否超过因发放资本利得股息而售出的股票在此期间的增值。或许有一天，当局会颁布保护投资者利益的立法，要求投资信托证明投资决策是明智的，除非未来几年内能够弥补发放这些资本利得股息的影响，否则将不允许投资信托发放此类股息。不过在此之前，如果出现熊市，卖出的和新买入的股票跌幅相当的话，许多投资者可能会比现在更清楚地看穿资本利得股息侵蚀本金的本质。

目前，资本利得股息被一些不道德的经理人操控，这可能会成为真正的投资风险。投资者和销售人员都已经习惯并喜欢上了这种股息，但股市在下跌，投资组合中只有一两只股票仍然有着大幅盈利。良好投资实践的一个原则是：加快利润的周转速度，同时对亏损的股票及时止损。换句话说，当市场上其他股票价格下跌时，少量股票价格上涨的唯一原因是它们具有非凡的吸引力。投资信托是否会屈服于投资者和销售人员想要股息的压力，卖掉其持有的那些有望创造最大未来获利的股票？它会卖掉最不应该脱手的那些股票吗？如果这样做了，其未来的业绩将极为黯淡。

由于可能在 20 世纪 60 年代遭遇这些问题，因此投资信托可能（但未必一定）是偏离一般上升趋势的机构买家。然而，无论投资信托的购买力是增强还是萎缩，来自其他机构买家的需求都将在 20 世纪 60 年代对股票产生巨大影响。投资者不能忽视这种力量的理由有两个：一个是经济方面的，另一个是法律方面的。它们会使得这种稳定的需求和持续买进集中在少数股票上，而不是遍及整个股市。

让我们先看看经济方面的原因。在一个行业中，低成本制造商的利润比边际制造商的利润稳定得多，因此低成本制造商一直是保守投资者的首选。同样地，如果生产成本大致相等，一个行业中可以年复一年获得大量业务的公司，就会比只有少量业务的公司更具投资吸引力。常见的情况是，优质的公司往往兼具业务规模和低成本优势，其投资吸引力也更加巨大。

然而在过去的 30 年里，一些基本的商业趋势相互结合，使得大型低成本公司拥有比其他公司越来越大的投资吸引力。科学研究愈加重要，成为影响公司兴衰的巨大力量，大公司可以开展大规模的综合性研究项目，让它们更具灵活性，但小公司却很难做到。大政府和大型工会的崛起也让企业有了对各式各样专业人才的需求。大公司业务广泛，拥有税务专家、产业（或劳资关系）专家、政府事务代表以及世界各个地区的外贸专家，更不用说无数的其他专家了，而一家小公司的经理可能什么都得懂一点，在当今复杂的世界里，这往往成本高昂。大公司在管理方面往往具有明显优势，在管理的深度和政策的连贯性方面具有更强的可操作性。在一家经营良好的公司中，这些都是有实际投资价值的，并且值得投资者支付更高的市盈率溢价。最后，大公司通常占据更有利的地位，能接触到其他领域的机警管理者，了解他们如何提高企业运营效率，并迅速地加以借鉴，这些也都是有投资价值的。

基于上述原因，即使没有大型机构买家，部分的"蓝筹股"也会变得越来越有吸引力。与大多数公司相比，少数经营良好的大公司的溢价也会越来越高，当然，从财务角度来看，溢价增加意味着与没有上述优势的公司相比，其股价相对涨得更快。更高的安全性和持续的良好经营，很可能将确保其增长趋势至少高于平均水平。

然而，机构投资需求在 20 世纪 50 年代确实不断增长。绝大多数机构型基金最终受益人的性质决定了，它们应将几乎全部资金投资于成长潜力最大的股票。虽然可能有很好的理由将大学基金、遗孀基金或公司养老金信托的大量资金，配置到像股票这样高风险的资产上，但只有为这些投资者选择最好的股票，才具有商业和经济意义。

然而，这些基本合理的经济原因并不是将巨大的机构需求集中在少量股票上的唯一原因。负责为大多数机构购买股票的人是受托人，他们承担受托人的所有法律责任。根据许多法院的裁决，受托人的责任已经相当明确。在环境快速变化的时代，这些责任并不十分有利于受托人对股票进行最明智的管理。无论是不是受托人，全体投资者都应该了解这些背景规则，因为这些规则已经开始并将继续对各种股票的价格产生重要影响。

受托人很少因为出色的投资表现而获得特别奖励，他的报酬是事先确定的，不会因为表现异常出色而增加。但如果他投资失利了，则可能会受到严厉的惩罚。不过，他并不一定会因为业绩表现不佳而受到惩罚，但如果他因为违反了某些规则而使得受益人赔钱，那么他个人将面临不得不弥补信托损失的重大风险！现在，请记住，受益人起诉受托人要求追回损失具有事后诸葛亮的特征。问题发生后，受益人可以采取行动，并声称受托人当时应该做得更好。但事实上，受托人在投资时只能发挥先见之明进行防范。在这种情况下，任何受托人毫无疑问都会密切关注并遵守相关法规，以免承担沉重的个人责任，即使这样做会使得信托基金损失惨重。

保护受托人免受诉讼损失的法规是什么？只要受托人保持适当的谨慎，他就不必承担个人责任。说起来轻松，但这究竟意味着什么？你怎么知道一个谨慎的人会做什么或不会做什么？用通俗的语言来说，就像大多数律师解释的那样，这句话的意思是：如果受托人购买或持有的股票与大多数其他受托人相同，并且配置的比例也大致相同，那么他承担个人责任的风险就很小。由于你无法确认其他所有受托人都持有哪些股票，因此持股规模最大、业绩最突出以及理论上消息最灵通的受托人（例如纽约银行的信托部门）持有哪些股票就很关键了，就像一个批评者说的那样："只要你买的都是好公司，损失惨重也没什么大不了！"

遵从这些规则，如果受益人的处境没有每况愈下，将会相当令人惊讶。即使设定这种规则的法院也知道：商业世界正在不断发生变化。5年前可能非常适合受托人购买的股票，其管理层可能已经变更，如今甚至可能都不应考虑持有。而另一些5年前就拥有优异管理层的股票，如今可能对受托人而言依然还是规模太小且不够知名，但却可能是勤勉认真的受托人在现在或未来几年应该购买的。然而，根据法规，如果事后证明受托人的判断是错误的，他不会因为持有前者而受到惩罚，却会因为购买后者而受到惩罚。

多亏了一些勇敢的个人受托人和大城市银行的先锋信托部门，尽管他们必须在不利的法律环境下工作，但仍使得信托管理取得了巨大的进步。

过去已经发生、现在正在发生和将来继续发生的一件事是：少数特别强大的公司（主要是本质上最适合受托人投资的公司）获得了所谓的"机构认可"。它们中的大多数都具有高市盈率的特征。然而，由于这些股票是受托人集中购买的股票，它们具有一定的稀缺性，因此市盈率甚至会更高。其他非信托机构基金如保险公司和大多数投资信托⊖认为：既然这些公司是最强大的公司，那么就应该持有它们的股票，至少将其作为它们持股的一部

⊖　投资信托通常是由董事会控制的公司，理论上讲，它们根本就不是信托。

分。随着这些买家将股票从市场中买走，这些公司与那些未获得机构认可的公司之间的估值"差异"将十分巨大。

进入 20 世纪 60 年代，精明的非机构投资者以及能干的机构股票买家将比现在更加了解如何从这些环境中受益。他们将会明白，尽管获得大部分机构认可的少数股票的名单变化相当缓慢，不过变化还是会发生的。这就像一个高级俱乐部的会员名单，每年都没有什么变化，然而，一些最近发达起来的人会获准加入，与此同时，一些会员会因为死亡或是付不起会费而退出。但这些都是例外，绝大多数成员都保持不变。

在股市赚钱从来都不容易。然而，上述投资环境或许将为我们带来在 20 世纪 60 年代最容易赚钱的方式，即通过仔细研究处于机构认可边缘的股票来获利。这里我指的是正在或即将稳步上升的中型公司，它们可能已经被一小部分机构买家列入允许购买的股票清单，或者它们可能尚未获得任何机构的认可，然而，它们拥有杰出的管理水平、稳定增长的特性、相对丰厚的利润以及足够大的规模，而这些终将吸引到机构投资者。如果它们发展到非常适合专业受托人购买的程度，那么受托人必须投资它们的压力以及受托人可以投资的大部分股票价格都已经处于高位的事实，将使这些公司被纳入"俱乐部"，即赢得广泛的机构认可，并享受这种认可带来的市盈率飙升。

在获得机构认可之前就买进这种股票的幸运投资者可以收获双倍的利润。首先，如果该股票的利润增长速度没有超过整个行业，那么它就不会获得机构认可，因此，股东首先会从这种超越行业的利润持续增长趋势中获益，但与此同时，股东还将获得额外的奖赏。让我们假设这样一家公司，它被金融界视为普通或平庸的公司，在衰退或正常的年景中每股利润为 2 美元，达到 12 倍市盈率，对应 24 美元 / 股的股价。5 年后，经济既不过热也未衰退，公司的利润逐年增长，现在为每股 4 美元。这本身将使股票的价值翻一番，如果仍然是 12 倍市盈率，则股票的价格将是 48 美元 / 股。不过此时，金融界已经看到了它的价值，并开始接受它作为真正的机构股票，这是 5 年前不敢想象的。因此这家公司将不再是 12 倍市盈率，而是很可能会达到 24 倍市盈率，即股价达到 96 美元 / 股。换句话说，由于机警的买家正确地预见到了这种机构认可，以及由此带来的股价变化，他的投资回报将翻番，由原来的翻一番增加到了翻两番。

投资者的财富在 5 年内翻了两番。一方面是因为他所投资股票的市盈率翻倍，另一方面则是由于股票的利润翻倍。这位投资者是否可以就此认为他的财富增长很合理，这些收益是建立在其股票盈利能力翻了两番那样坚实的基础上呢？

从某种意义上讲，我们先前有关机构对股票的需求会增加还是减少的讨论，已经给出了这个问题的答案。如果在未来几年里，趋势像我认为的那样清晰，那么集中在少数股票上的需求将至少跟现在一样多，因此投资者就不必担心了，因为最好的机构股的市盈率会一直高于大多数股票。因此，如果投资者确信市盈率提升使其持股价值大幅增长，是源于该股票如今获得了机构认可，那么他便可以放心这种状态将会持续下去，其获利也是"真实的"（永久的），就像完全来自盈利能力的提升一样。

然而对于市盈率的提升，有一种情况投资者应该保持警惕。由于这样或那样的原因，每隔一段时间，某个特定行业就会成为市场的宠儿。有时候，大众的投资热潮背后有着充足的理由；有时候，利好的因素可能都是真的，但价格却可能脱离现实，因为很少或根本没有反映出不利因素。化工、铝业、寿险公司、铀矿加工和制药业都在二战后相继受到过这种狂热、短暂的追捧。而到了20世纪50年代末期，电子行业则成了公众的最爱。

大众对特定类别股票的热情消退，通常会导致行业内运营最好的公司股价下跌，但如果这种群体热情背后的理由站得住脚，那么其从顶部下跌的幅度就不会太大。而更重要的是，在之后几年内，即使失去了公众的热捧，这些优质股票的股价却仍然会创出新高。不过，对于行业里次优和经营不佳的公司，即使公众对该行业狂热背后的理由站得住脚，其市盈率也会被推至不合理的高位。当人们对整个行业的追捧过度时（如20世纪50年代中期人们对铀矿加工和寿险公司的狂热），这种风险可能会更加严重。

换句话说，想要利用股票因机构认可而使得市盈率永久提升的机会，投资者应该始终这样做：当所持股票的市盈率与整个市场相比有明显提升时，仔细分析原因所在，确定这是由于机构开始认可并持有该股票，还是由于一些完全不同的因素。

　　无论何种情况，投资者都应该确认其所持股票（而不是整个行业）市盈率的上涨是否由管理、前景、固有风险以及其他因素的改善引起。如果答案是肯定的话，那么他就不必担心由此带来的财富增长会比股票盈利能力提升带来的财富增长更虚幻、短暂或不稳固。

　　这促使我们去认识问题的另一方面，如果机警的投资者希望从 20 世纪 60 年代机构买家对许多股票价格的巨大影响中赚钱而不是亏钱的话，那么他必须注意另一件事。长久以来得到机构认可的股票，通常需要很长时间才会从机构认可的清单中消失，正如新股票需要很长时间才会被加入清单一样。然而，这些变化最终还是会发生，不断成长的公司最终会被添加到认可清单中，而一些管理乏善可陈、失去动力或无法维持业内地位的公司，通常会在弱点暴露无遗几年后，不再被机构买家所青睐。

　　这里要记住的是，被机构认可的公司的股价表现，就像我们国家所有杰出且有能力的人士（但只限于那些被公认为杰出且有能力的人）习惯踩着高跷⊖四处走动一样。唯有踩上高跷，才能与这些领导者交往。另外，只要他们保持其优秀品质，就不会有从高跷上掉下来的危险。然而，万一其中有人丧失了他的优点（不是立即，而是在一段时间之后），那么他的高跷就会腐朽，然后他会突然狠狠地摔下来。

　　⊖　作者使用高跷作为隐喻，以形象化地表达被机构认可的公司股票与众不同的地位，就像踩着高跷的杰出人士在人群中的地位一样。——译者注

正是以这样的方式，最佳投资标的的股价因为机构需求就站上了"高跷"。这本身并不危险，只要它们保持不寻常的品质，就会维持这种高市盈率，股价也将继续跟随利润而同比例上涨。不过一旦它们失去了让其站上"高跷"的特征，形势就会变得极其危险，其股价不仅会随利润同比例下降，还会因估值下降而下降更多，直至机构最终抛弃它们，丧失所有的溢价。不过，通常机构股在其失去吸引力很长一段时间之后，才会发生这样的股价下跌。产生这种时间差的部分原因在于，投资者通常很久之后才会意识到这些曾经非常有吸引力的股票发生了变化。除此之外，使得受托人反应迟钝的原因还有法规压力下需要跟随公认（持股规模较大、较知名受托人）投资机构的因素。了解了机构抛售股票的原因，同时考虑到可以得到预警，持有高市盈率股票的投资者也就没有必要担心高市盈率本身了，他们只要有充分的理由相信其持有的股将继续拥有确保它们站在"高跷"上的优势就可以了。

但为什么 20 世纪 60 年代的个人投资者应该继续持有这些机构认可的股票？一旦它们达到或接近机构认可的顶峰，它们的价值增速将只会跟利润增速一样，这样的话出售它们不是更明智吗？因为他可以将利润再投资于其他即将被机构认可的股票。如果他的判断正确，得益于每股利润的增长和机构认可带来的市盈率提升，资产将可以继续高速增长。显然，仅靠利润增长而价格上涨的股票很少能达到如此高的增速。

虽然这是真的，但我认为完全照章行事的投资者并不理解机构股的真正实质。一只股票获得机构认可并以快速增长的新市盈率进行交易，通常都是因为它有让利润在此风险下继续增长的确定前景。当投资者取得成功并积累巨额财富后，我认为，他应该至少将部分财富投资于这些最优质、最安全的股票，这才符合他的利益。相比在较高风险下追求更快速的增长，让资产安全地进一步增加同样也是很有吸引力的。股票一旦因杰出而获得投资地位，其跌下神坛的速度将十分缓慢，机警的投资者会有足够的时间得到警示，因此，任何审慎仔细检查其持股的大型投资者，都没有理由不享受在其资产中拥有这些超级股票所带来的好处，这将避免给成功的投资者造成沉重的资本利得税损失。毕竟，美国商业史表明，这些高市盈率机构股票中的许多重要公司都能让它们的管理层保持着活力，以至于它们永远不会从"高跷"上掉下来，而是在数十年间不断成长。

外国竞争

直到 1957 年年中，大部分美国人都在对美国的经济霸主地位沾沾自喜。然而，欧洲的小型汽车已经进入了美国市场。在国外的很多市场中，在遭到欧洲和偶尔出现的日本廉价商品冲击之前，美国汽车、机床和许多产品就已经开始消失了，只不过这种缓慢的变化还没有被普通美国人发现而已。

然后，随着经济衰退的不断加深，诺克斯堡黄金的大量外流以及廉价外国汽车销量的增长，公众的看法突然发生了戏剧性的转变。实际上，此前许多人已经注意到外国工人的时薪仅为美国工人的 1/9 到 1/4，具体数字取决于对比的具体国家。但是，之前的舆论认为，这些国家没掌握技术诀窍，美国的"技术诀窍"能够弥补人力成本的差异。然而常被人忽视的一个基本事实是，国外的人力资源可以与美国相媲美，而且他们经常获得美国在技术诀窍和设备上的帮助（通常是由美国政府提供的），机警的外国人正变得和我们一样高效。

随着 20 世纪 50 年代接近尾声，这个问题变得越来越严重，而且找不出解决方案。在 20 世纪 60 年代的大部分时间里，机警的美国投资者面临如下困境："我该如何管理自己的投资，才能避免受到那些被低成本进口商品冲击的公司或是因重要客户受此冲击而间接受影响公司的拖累？"

有三种不同的方式能够给予投资者想要的安全。第一种方式很明显，那就是投资这些外国公司，这一方式很受欢迎。然而随着时间的推移，许多之前急于购买"欧洲共同市场"和其他地区主要公司股票的人，都遭遇了一些"惊喜"。股票投资成功的核心在于知道你在做什么。与美国公司相比，这些海外公司的总部通常离投资者更远，因此对其进行调查也就更加困难。这个问题会因为语言障碍（英国公司除外）以及许多客户和一般的投资资讯来源都在国外而进一步加剧。更重要的是，外国公司是在完全不同的投资氛围中发展起来的，它们的基本面信息向来没有美国公司那样公开透明。有时候，海外公司的会计制度也可能跟美国公司完全不同。最后，许多海外公司股票的流动性都要比美国股票差得多，因此，与投资者熟悉的美国股市情况不同，少量买卖就可能对股价造成巨大影响。

这些情况的存在并不意味着我们不能大量投资外国公司。不过这的确意味着，对大多数美国人来说，做好海外投资要比做好国内投资难得多。这也意味着，美国金融界在 20 世纪 60 年代开始产生的对外国投资的宽容以及热情，可能会随着 20 世纪 60 年代的结束而明显消退，即使没有外汇税或政治没收等特殊问题来进一步威胁海外投资安全，这种情况还是很有可能发生。

投资者采取的第二种方式——购买在海外有大量（而且经常是持续增加的）投资的美国公司股票，也同样不易于进行分析。借助廉价海外劳动力和美国管理方式，这些海外工厂通常能比该公司在美国的工厂创造更高的投资回报。有时候，这些工厂能帮助美国公司抵御海外进口商品的冲击，因为它能使其在美国市场销售的全部或部分产品，拥有与纯海外竞争对手出口至该国的商品差不多的价格。

为什么这些外国工厂可能不像表面上看起来那么有吸引力？

首先，几乎所有家庭中的富有成员都会被其他家族成员嫉妒和讨厌。对世界各地大多数普通人来说，美国拥有着令人难以置信的财富。美国电影和无处不在的美国游客给世界各地的人们留下了这种印象。我猜想九成美国游客的举止表现都有利于美国的声誉。然而，凡是曾经出国的人都看到过部分同胞表现出的恶劣举止，例如对当地习俗的恣意批评、满嘴脏话的大声嚷嚷等。不幸的是，一名态度恶劣的美国人对美国国际声誉所造成的伤害，很容易就超过50名举止得体的美国游客给美国的国际声誉添加的好感度。美国游客在世界大部分地区都留下了相当恶劣的印象。

除此之外，几乎所有人都天然讨厌那些行事风格迥异的外国人，我们能得出什么结论？外国投资者，尤其如果它是一家美国公司的话，自然就会成为希望增加影响力的本土政治家的目标。

在20世纪50年代接近尾声时，受国外廉价劳动力的刺激，美国在海外设立分厂的投资热潮也达到了顶峰，这一做法既为所投资国家创造了前所未有的繁荣，同时也造成了不同国家间一定程度的竞争，这些国家都希望尽可能多地赢得美国企业海外投资的青睐。只要能带来越来越多的新建造合同或其他收益，外国人就会受到欢迎，这是非常自然的。但当资金停止流入，利润开始回流母国时，当地人们的情绪便可能会发生反转，这种情况或许类似于美国与西班牙领导人佛朗哥就西班牙基地进行谈判时，欧洲明智的观察家所做出的嘲讽。在美国资金涌入的西欧各地，反美情绪都十分高涨，有些国家甚至达到了相当高的程度，但在西班牙，一个从未得到任何投资但希望很快得到一些投资的国家，美国的受欢迎程度从未如此之高。

基于上述原因，投资于在海外拥有大量权益的公司可能并不总是像当前收入数字所表明的那样有吸引力。拥有许多外国工厂的公司可能会在未来几年创造出令人羡慕的业绩，然而，如果将这些海外收益与国内收益一样资本化，那么在未来某一年许多利润连同一些重要资产可能都会突然消失。当然，不同国家的情况可能会有所不同，在一些国家，这些严重问题根本不可能出现。

因此，如果不能轻易地知道这些海外分厂能否为那些寻求免受 20 世纪 60 年代海外竞争影响的投资者提供保护的话，那么还有其他方式吗？我相信是有的。在某些快速发展的技术领域获得和保持技术领导力，是美国公司避免低成本海外竞争威胁的可靠方式。拥有此类公司股份的投资者不必担心低成本海外劳动力对美国经济的威胁，并且能够在无须承担海外投资巨大风险的前提下从中受益。

为什么会这样？既然国外的研发成本比美国更便宜，为什么国外竞争对手不会很快在技术上领先呢？答案绝对不是因为美国有比外国更多或更好的科学技术人才。相反，主要是因为其中一些技术非常复杂，而且朝着许多不同的方向发展，所以一些美国公司已经在某些高科技领域奠定了领导地位，而其他外国公司则在完全不同的领域建立了类似的领导地位。投资者要做的就是寻找那些能够保持技术领先的管理团队，换句话说，那些似乎在某些特定领域（或其重要部门）拥有不可比拟的技术优势的公司，其竞争对手总是在未来才能达到它们现在的地位。当竞争者达到它们现在的位置时，它们又会往前迈进一步。如果一家公司可以做到这一点，就不需要担心国外竞争会比国内竞争更激烈了。

此外，这些公司可能还会受益于 20 世纪 60 年代海外工业国家日益壮大的过程。如果该公司的产品具有技术优势，那么外国公司就会想要购买，就像稍早前海外工业大幅崛起之前那样。但是直到最近，外国潜在买家仍然受限于货币问题，被它们的政府限制购买美国产品。在 20 世纪 60 年代，这个问题应该会少得多，因此，具有技术优势的公司可能会拥有前几十年无法想象的广阔出口市场。

最后，如果公司拥有海外竞品无法企及的优秀产品，而且正好在海外也设有分厂，那么它就在反外国产品税或资产充公方面有了一些保障，而其他公司就不会那么幸运了。希特勒对犹太人的极端迫害是众所周知的，不需要太多讨论。然而，尽管希特勒仇视大多数犹太人，也仍然有少数犹太人完全不受骚扰，因为他们拥有希特勒急需的特殊技能。同样，如果一家公司拥有生产外国所需关键产品的专业知识，那么该公司就拥有其他公司没有的筹码，并能够借此与敌对国政府讨价还价。可能希特勒的例子过于极端，我们来看一下近东部分地区主要石油公司的案例。当地政府并不是因为合同协议或喜爱这些外国石油公司才没有恶劣对待它们，正相反，主要是因为只有它们有运输和销售石油的基础设施。如果民族主义浪潮席卷海外，那么公司知道如何制造重要产品将会至关重要。

这一切意味着什么？从投资者的角度来看，应对 20 世纪 60 年代激烈外国竞争的方法，与不考虑外国竞争时寻找杰出投资机会的方法并无不同。如果投资者能够找到一家公司，这家公司因为出色的管理和技术优势，在外国竞争成为普遍威胁之前就是好的投资标的，那么他将不必担心 20 世纪 60 年代外国廉价劳动力的竞争。但如果这是一家普通的公司，外国生产者可以轻松地复制它的产品，那投资这家公司将很可能会有风险。

这些都是狭义地看待外国竞争的问题，即个人投资者能够赚钱而不是亏钱的视角。但是若从广义视角看又将如何呢？美国经济会因为无法与由廉价劳动力生产的海外廉价商品竞争而遭受损失么？

我认为，在知道未来几年谁将成为美国总统以及他将如何处理这一重要问题之前，答案都不会明确。越来越多的证据表明，美国企业管理层可以应对国内外薪资差异的问题并平衡成本，但前提是从现在起国内工资的上涨速度不要超过国外（后者也在上升），同时工会强迫企业额外雇工（featherbedding）的行为不会进一步增加美国产品必须承担的成本。

额外雇工的问题，即要求添加不必要工作岗位的劳动规定，并不容易解决。企业管理层宣称额外雇工让人无法忍受（确实如此），但工人代表们总是顽固地坚持这些规定，直到受波及的工人获得某些保证，例如当他们被更高效的设备取代时，他们将能够得到其他薪酬类似的工作。工程技术的进步在创造无数新行业的同时，也使得旧行业能够以更少的工人生产出更多的产品。只要给予足够的重视，为失业的工人提供薪酬相似（甚至可能更高）的工作机会应该不会太困难。如果运气够好，在20世纪60年代有总统愿意正视额外雇工的问题，那么我相信大多数美国产业不仅可以在国内市场上站稳脚跟，而且还能够维持目前的国内外工资差异。但如果美国的工资成本相比世界其他地区上涨更多，那么美国将出现大规模失业与经济衰退。然而，我目前还找不到可以预测会发生何种情况的任何依据，未来究竟如何可能取决于未来的总统会让国家陷入完全不必要的经济危机，还是他通过发挥个人影响力与魅力，让社会各界明白什么是必须要做的事。如果美国制造的商品想要应对与外国廉价商品的激烈竞争，同时不牺牲美国人目前相对较高的生活水平，商业和工会领袖就必须在这些议题上共同努力，但到目前为止，还没有看到双方有任何合作的迹象。如果我们到了只能靠政府解决此事的地步，那时谁领导政府，他会怎么做将决定最终结局如何。正如刚刚所说的那样，现在做出明智的判断还为时尚早。

人口增加

严格来讲，20世纪60年代的人口激增问题根本不应该被列入影响未来投资的主要因素的讨论中，因为我不认为这会成为一股对投资有重大影响的力量，尤其是跟我们先前讨论过的几股力量相比。然而，这个问题引起了广泛的社会关注，并且与"黄金60年代"的概念密切相关，因此我认为还是值得探讨一下，即使只是为了正确评价其影响。

大致上，宣扬"人口增长将确保未来几年经济会取得巨大进步"这种悦耳但肤浅观点的人，所依据的是一个极其简单的逻辑。他们指出，出生率的大幅增长始于二战时期，这一趋势除了中间曾小幅中断外一直持续至今。截至目前，人口激增主要体现为婴儿、学龄儿童及青少年的增加。相比未来将产生的需求，这一群体目前的需求相对简单。但随着时间的推移，这一群体将成长为青年群体，届时对汽车及日用品相关的需求都将激增，包括更昂贵的衣服、更多的旅行设施以及其他与青年人相关的经济需求。随之而来的是新家庭的大幅增加，而这又将带来更多的经济需求，比如房屋、电器、家具等。与此同时，由于出生率依然居高不下，因此婴儿及儿童群体的需求并不会降低，所有这些商品需求将使经济日益繁荣。

反对者对此则有一套标准的说辞，他们声称人口本身并不能创造繁荣。年轻人受制于年龄的限制，大多是在花钱，而不是从事高薪酬的工作来创造财富，因此未来将要发生的是，已经超负荷的家庭预算将不得不进一步压缩，因为普通家庭用来满足其需求的收入是固定的，为应对青少年和青年人的额外开销，父母必须减少自身需求以实现财务平衡。因此，资金的支出总额将保持不变，只是支出结构将发生变化，而由于需要养活更多的人，人均收入和生活水平都将出现下降。

上述两种观点到底哪一种会被证明是正确的？对于如今的美国经济而言，可能两者都不对。正如许多父母所意识到的，随着孩子年龄的增长，经济需求的增加确实对家庭预算形成了压力，这些压力很大程度上是通过改变家庭收入的支出结构，以及减少父母自己的支出来解决的。某种程度上讲，悲观主义者是正确的，对商品的需求大幅增加，但支付这些商品的钱却没有增加，这当然不会刺激经济实现全面繁荣。

然而，这并不是事情的全貌。美国经济为人们提供了相当大的回旋余地，使个人特别是家庭能够在需要的时候增加他们（以及整个社会）的财富。譬如原本没有工作的家庭主妇可以找到工作，并成为家庭的第二收入来源。在家庭开支增加的刺激下，丈夫们会更加努力地工作，在财务上追求更上一层楼，并从事更重要、更有价值的工作。随着青少年的成长，他们也为社会增加了新的劳动力。因此在某种程度上，至少为了满足有孩童家庭的需求，人们所创造的财富总额会有所增加，因此经济总量确实也将有所增加。

简而言之，就整体情况而言，不断增长的人口对经济的影响虽然无法达到人们所说的确保"黄金60年代"的程度，但也不至于像悲观者声称的那样——只会引起生活水平的急剧下降。然而，从股票投资者的角度来看，人口变化所带来的经济总量的增加，表面上似乎并不显著，这是因为投资者投资的股票并不能反映整体的经济状况，只能反映单个公司的发展。尽管公司产品的潜在市场会随着劳动力的增多而扩大，但与此同时竞争也会加剧，在许多商业领域，市场会被越来越多的公司所瓜分。

与此同时，面对人口增长，许多家庭只需要略微调整家庭预算，但有些家庭却需要大幅调整。这意味着需求将发生许多改变，由某一类产品转移到另一类产品，有些产品会获益，但另一些则会面对需求下降。

为什么不尝试预测哪些公司受益最大，并制订相应的投资计划呢？除了极其罕见的个别情况，我不认为这是一个明智的选择。原因在于，在家庭预算捉襟见肘的情况下，你很难判断商品需求会如何变化。举例来说，这不仅仅涉及人们是否会放弃重新粉刷房子而去购买一辆汽车的问题，还可能涉及人们是否会从之前总买新车改为购买二手车或者从买豪华车改为购买廉价车的问题，以及人们是否会消费更多的意大利面同时减少肉类消费的问题。他们在调整支出时，可能会做出各种各样的选择，他们甚至可能发现，技术进步可以为他们节省出必要的开支，从而能够以相较以前低得多的价格得到他们想要的产品。以美国家庭的数量和他们可能做出的选择来看，我们目前能做的只有观察形势，然后对这一趋势是否会持续下去做出合理判断。只有在极少数情况下，这种判断才能对投资决策产生足够的影响。总而言之，人口增加的意义被过度强调了。

既然"黄金 60 年代"的概念是以人口影响作为主要依据，

那么这个概念是否只是幻想？这倒也未必，科技创新很可能会源源不断地创造出新的产业并改造旧的产业，从而为前所未有的发展与繁荣奠定基础。但这能否成真在很大程度上取决于政府能否妥善处理税收、信贷、劳工政策等监管事务，以及是否会阻挠能带来好处的技术创新，这些事情只能随着下一个十年的到来再做评估了。与此同时，我们要记住一点，20世纪50年代许多股票的大涨可能已在很大程度上反映了这种前景，换句话说，20世纪60年代股票大涨的情况大概率会比20世纪50年代更具有针对性，因此除了极少数情况外，人口增长这种宽泛而广为人知的事情跟股价上涨几乎没有任何关系。

经济学家退场，心理学家登场

我之前评论过，金融界有一个奇怪的现象，就是本应该向前看的专业人士，往往未能提前看清环境的变化，而是在新影响出现多年之后才突然认识到。我认为，这就是试图预测经济走势的人在20世纪40年代和50年代的大部分时间里，被视为是影响投资决策的重要因素的原因。即使到今天，许多投资者和专业投资人士仍然认为，明智投资策略的核心是做出最佳的经济预测。如果经济前景向好，那就买入股票；反之，则卖出股票。

这一投资策略在很多年前可能更有效。首先，以前的银行体系较为薄弱，没有人保证政府会在遇到危机时出手相救（救助过程注定会产生大规模的通胀）。当经济（同时也是联邦税收收入）处于超低水平时，现有的税收制度就会带来严重通胀。当时的舆论不认为每当经济急剧下降时，政府都应该采取强有力的措施来阻止衰退。其次，以前的行业基础也更薄弱，在当今复杂的经济体系中，许多行业在基本特征方面几乎没有联系，这确保了即使政府没有采取行动，经济衰退也会比以前更缓和一些，甚至有时候大多数行业出现衰退时，有些行业还能因为不寻常的背景条件而继续扩张，从而在一定程度上稳定了整个经济。

　　所有这些都意味着，经济衰退如今对投资者的影响要比多年前小很多。当然，这并不意味着了解经济走势不再有必要，只是说这并非股票投资取得成功的关键，我们通过简单分析就可以证明这一点。当股市伴随 1937 ～ 1938 年或 1957 ～ 1958 年的经济大衰退发生下跌时，大部分股票价格下跌了 35% ～ 50%，然而在经济衰退结束后，优质股票的价格便反弹了回来，而且往往还创出了新高。即使在史上最严重的萧条时期，也只有一小部分公司倒闭（跌幅达 100%），主要是那些拥有巨额债务和（相对普通股而言）高优先级证券的公司。在有史以来最疯狂的投机泡沫破灭之后，那些由融资买入支撑的股票平均下跌了 80% 或 90%，但当股票经历几年上涨后，即使是对股市历史数据最随意的研究也可以发现，许多股票的涨幅都要比跌幅大得多。与经常伴随萧条而来的短暂下跌（通常为 35% ～ 50%）相比，优秀股票（那些经营良好、保持高速增长的公司的股票）往往会上涨好几倍，然后在高位盘整之后又再创新高。许多这类股票的十年涨幅可以达到十倍以上，而不是仅仅一倍。

幸运的是，正如我在《怎样选择成长股》中强调的那样，一些明确的规则确实可以相对准确地帮助人们筛选出那些拥有非凡管理层并能创造出高利润的股票。另一方面我认为，此前的记录显示，目前的经济学发展水平还不足以使经济景气预测成为可靠的投资方式。在如今高度复杂的经济环境中，影响预测的因素太多了，这些日益增长的不同影响因素之间的复杂联系尚未被充分理解。我相信，这就是如此多经济学家往往意见不一，甚至许多人经常错得离谱的原因所在。

就已知结果来看，我注意到在投资决策上非常重视经济预测的投资者通常分为两类。一类是天生谨慎的人，他们几乎总能找到一个令人印象深刻的预测，基于貌似合理和有说服力的理由，认为经济似乎面临严重的困难，因此，在遇到投资机会时他们很少会抓住，而错失这些机会也意味着经济预测对他们造成了相当大的伤害。另一类人则是永远的乐观主义者，他们总能找到一个有利的预测来支持他们，由于他们总是决定勇往直前，因此很难理解他们花时间在经济预测上有什么意义。

越来越多的投资者开始意识到，依据公司管理质量和增长潜力这些业务因素做出股票投资决策是明智的，因为这些因素都可以被相当准确地衡量，同时对长期投资的影响也要大得多。在能够更科学地预测经济周期之前，我认为经济学家在投资领域的作用将越来越小。许多经济学家都是智力超群的人,我认为他们已经逐渐意识到经济学还没有做好扮演经济预言家的准备,尽管在行业内外都有许多人在抢着做这件事。因此,在 1959 年秋季全国商业经济学家协会举行第一次年会时,有新闻报道说,越来越多的企业顾问认为他们应该放弃经济预测。多数顾问认为,他们应该为雇主提供的服务是:让企业管理层了解"企业业务所处的社会、政治和商业环境的前景",并且提供比法律部门更宏观的反垄断观点。据悉会上一位发言者表示,"我放弃预测经济了",因为他对预测"有关未来的数字"失去了信心。虽然这个团体的成员主要是民间产业(主要是制造商、零售商和运输公司)的经济学家,但我认为这对于股市经济学家也应该同样适用。

我认为可以假设,基于这些理由,预测经济走势在 20 世纪 60 年代将变得越来越不重要。那么,除了企业管理、利率变化和税法修改等大家公认的影响因素外,还有没有其他一些值得关注的因素呢?我认为是有的,不过由于缺乏一个更好的名词,因此我暂且将其称为影响证券价格的心理因素。

要理解这一点,让我们先来探讨一些投资的基本概念。为什么一只股票在某个时刻会以某个价格出售?这不是因为它现在怎样、以前怎样或未来将要怎样,而是因为大多数实际或可能对它感兴趣的投资者认为它会怎样。当我们谈论人们在特定时间对某只股票的看法,而不是股票的内在本质时,我们谈论的便是心理因素。

当然，心理因素只是个短期因素。大多数金融人士可能会被某只股票或某个行业的美好前景所吸引而冲昏头脑，并在一年或几年里为该股票（或行业中的大部分股票）支付远超该股票内在价值的溢价。然而，当股票或行业无法实现高涨的预期时，便会引发幻想破灭。然后，股票的市盈率将下降，并使股价接近内在价值。通常，市场会走向另一个极端，即股票价格在一段时间内低于"内在价值"。

这意味着可以将股票的价格想象成一个被绑住的气球，它不是被绑在地面上，而是被绑在一根横在空中的宽线上，这条线代表了公司的"内在价值"。随着时间的推移，如果一家公司的盈利能力和前景改善，这条线就会越来越高。如果这些支撑其内在价值的基本面因素变糟，那么这条线就会相应下降。在任何时候，心理因素（即金融界如何评估这些影响内在价值的基本面因素）都将决定股票的价格是远高于还是远低于"这根线"。然而，尽管大众的热情或毫无根据的悲观情绪都会造成股价远高于或远低于其内在价值，但它就像这个气球一样，永远无法完全脱离内在价值线，迟早会被拉回到那条线上。

股票估值之所以困难，是因为没有人能精确算出内在价值到底是多少，所以我才会将"内在价值"比喻为一根宽线。对于一组有些在同一行业，有些在不同行业但有着相近增速的公司，我们可以掌握足够多的信息来对其内在价值进行评估。例如，经过比较，并考虑了管理质量、增长率、是否易受衰退影响等相关因素后，XYZ 公司股票目前的每股内在价值为 25 ～ 30 美元，我认为很难再给出更加精确的数字了。对于那些理论上配得上极高市盈率的超高速增长公司，我都怀疑能否给出这样精确的估计，因为影响股价的一个重要因素不是当前的增速，而是这种超高的增速能在将来持续多长时间。

对未来预测得越远，发生误判的可能性就越大，而误差范围越大，确定真实价值就越困难。由于涉及的因素太多，任何时候试图估计出精确的内在价值都是不明智的。如果一只股票拥有极具吸引力的未来（因此其内在价值线将上升），并且你有机会以不高于估算内在价值 25% 或 30% 的价格买进，那么你就抓住了一个极佳的投资机会。投资的风险在于被过度热情冲昏了头脑，以至于以几倍于实际价值的价格买进。

简而言之，股票的市盈率高低与该股票到底是便宜还是贵并无关系。公司现有实力和前景的巨大差异是市盈率大相径庭的主要原因，对投资者而言，重要的是这种或高或低的市盈率是否合理。大众舆论是否过度突出了一家优质公司的利好因素，以至于虽然它是优质公司，但在当前价格下一点吸引力也没有？还是像经常发生的那样，情况恰恰相反，即投资界的大部分人对这家极具吸引力公司的高市盈率感到担忧，以至于其股价仍然没有达到其未来应有的水平？换句话说，投资界目前对某只股票的心理预期是否使其股价明显高于或低于其内在价值？

理解这类研究在成功投资中所起的真正作用很重要，即使这样做只是为了不高估其重要性。这里讨论的投资界心理问题不应该跟你最终要购买哪些股票扯上关系，具体买什么股票应该完全根据公司的基本面来决定。在现有的条件下，选择足够好的成长型公司并持有足够长的时间，将让你获得丰厚回报，在 20 世纪的整个商业史中，这一点已经被反复证明。如果你有足够的耐心，能够忽视当下的市场心理，基本面将能够为你带来丰厚的回报。然而，这需要你非常有耐心（以及掌握基本面分析的技巧），这种买进好股票并耐心持有的方式所取得的丰厚回报，将远超你利用当前投资者心理弱点来择时所赚取的回报。换句话说，心理学家在决定何时买进方面可能比经济学家更有帮助，但在买进什么这一更重要的问题上却作用有限。只有在一种情况下，心理学家也能发挥作用，那就是当两只或两只以上股票从长期投资的角度来看都很理想时，心理学家可以帮助你判断以当前的价格看，哪个更具吸引力或更没有吸引力。

将这种方法称为心理学方法，意味着我们在考虑投资界如何基于公司的内在价值以及它们未来可能的估值来评估某些特定的股票。举例来说，即使大多数投资者在苏联突然发射第一颗人造卫星之前高估了火箭燃料制造商的股价，心理学家也会有相当充分的理由认为，这一事件将对美国人造成巨大的冲击，因此相关股票的价格还可能进一步上涨。

1958 年春天，一个更简单、更重要的心理学结论清晰可见。当时"华尔街"几乎一致认为，过去几个月的经济衰退造成的公司盈利能力急剧下降，并未在股市被充分反映，然而事后来看，股市在 1957 年 11 月 15 日已经触底。在我的印象中，当时好几位大型券商的主管预测股价还会进一步下跌，因此他们不会买进任何股票。我很少看到投资界观点如此一致过。虽然人们不会因为恶劣的天气条件导致某一年作物歉收而将一个好农场以半价卖掉，但似乎很少有人会因此觉得股价应该根据未来几年的预期盈利，而不是短期内的盈利情况来确定。同样地，似乎也很少有人注意到那些受股票可以抵御通胀的吸引而准备投入股市的资金。在这种心理背景下，极其适合买进本质上优秀且值得长期投资的股票，因为如果衰退继续下去，几乎一致的看跌预示着大部分抛售可能已经结束，好股票只会再温和下跌而已，但如果景气反转，等待"低位买回"股票的巨额资金将冲进股市，并在短期内形成可观的上涨。事实证明，这几乎是一个完美的例子，说明持续观察当前的大众心理是否与基本面保持同步，以及这种情况可能会持续多久，可以极大地帮助投资者确定何时买进一家优秀的公司。这个方法向我们展示了何时应该等待更好的买入机会，何时应该在一些暂时不那么受欢迎的行业中寻找类似的机会。

不过，有关股票投资的人类行为心理研究还能够以一种完全不同的形式为投资者提供更大帮助。我相信，这个领域将在未来取得许多重大进展。多年来，人们知道没有其他人类活动比股票投资更容易让我们受骗。很多时候，看起来正确的做法其实正好是完全错误的。经验丰富的股票经纪人表示，绝大多数客户都会一而再，再而三地犯下完全相同的错误。

我不认为这是偶然的或巧合的。在过去的 50 年里，股票投资在许多方面都发生了巨大的变化。然而，人类试图通过购买资产获利的本性却没有任何改变。现有数据显示，几个世纪前发生在荷兰的郁金香投机狂潮，郁金香价格走势与美国 1929 年前后疯狂时期主要股价的走势有着惊人的相似。更具启发性的研究是，18 世纪英国举国上下对东印度公司盈利可能性的乐观情绪，引发了一场席卷不列颠群岛的股票投机狂潮。当时市场上的主导型股票和次级股票的表现与近期市场的表现也有着惊人的相似性。股价涨跌的幅度和持续时间，与整体物价涨跌趋势亦很相近。虽然这些对比令人眼花缭乱，但它们只是印证了许多精明的观察家在对投资大众有了充分了解之后所得出的心得：人类总是对相同的投资刺激做出相同的反应。

那么心理学研究如何利用这个不变的因素，为内行的投资者开辟增加获利的方法呢？我要举一个今天仍不为人知，但经过充分研究或许可以提供极大价值的例子。我将介绍的这个例子并不是偶然发生的，而是在这个快速发展的科技时代一再发生的事情。

一家上市公司的研究部门开发出一项新制程，将其商业化可能会使该公司的利润增加约 50%。管理层将此成果提交给董事会，以期尽早获得所需的资金支持。计划被批准，新工厂开始建设，并计划在 18 个月内投产，然而实际上却花了 24 个月。投产

6 个月后，新制程首次实现盈利，3 年后公司利润增加 50% 的初始目标得以实现。

　　显然，这一进展将使得股票价格大幅上涨。但上涨什么时候发生呢？我的印象是（据我所知，没有人对此类事情进行了足够的研究，所以没有人可以确定），向董事会提交研发成果的时刻会是一个关键点，董事们通常可以分辨出真正的投资机会。他们自身的财富或许就足以通过购买股票来改变股票价格，当然他们还可能有富裕的亲戚和朋友。虽然我还没有足够的数据来支撑我的观点，但无论如何，我猜想从此刻起，股价将出现 U 形转折。随着华尔街对新制程的兴趣越来越大，在接下来的几周里，股价将达到惊人的程度。由于新制程的利润出现在遥远的未来，几个月后一些新进的短线买家失去了热情，股价开始下跌，而下跌多久则可能取决于新制程实现获利所需的时间。之后，当预期利润最终实现时，（假如在此期间没有其他新的有利情况发生）上涨将再次发生，可能触及原先市场高涨时的高点，但也可能无法再创新高。

　　这些都是我对于类似事件不时出现时一个典型优质股票价格表现的猜测，可能很不准确。值得注意的是，在投资界投入大量人力为现有或潜在客户寻找获利机会的时候，竟然没有人对此类事件（准确地说，是此类事件发生时可能对股票走向造成的重大影响）进行过深入的研究。之所以没有这样做，是因为大多数金融人士很少关注心理方面的因素，即人们如何看待这些事件，而只是专注于事件本身。此外，这项研究工作需要深入了解目标公司的所有内部事务。当董事会认识到新产品的重要性时，研究人员只有通过接触董事才能得到第一手的资料，仅仅阅读年报是无从得知这些信息的。

我引用的可以大幅提升投资者未来业绩的心理学研究案例，又引出了一个更为根本的股市心理学问题。股市会提前很久反映出未来的乐观进展，特别是在市场热情高涨的时候。部分的乐观预期大概率会实现，但往往需要数年时间。到底应该提前多久反映出未来的利好进展，才不至于让持有的股票产生重大风险呢？股东会厌倦等待，并在有利进展对利润产生实际影响前抛售股票，从而导致股价大幅下跌。这种愿意等待的时间长度，在市场普遍乐观和普遍悲观的时候有显著差异吗？如果有的话，它们之间有什么可测量的近似关系吗？在这个技术如此复杂的时代，产品从完成工程研发到产生利润之间的时间越来越长，这些都是影响越来越多优质公司股价的因素。由于人类对希望、信心、恐惧和不耐烦这类投资刺激总是以完全相同的方式回应，不是年复一年，而是一个世纪又一个世纪，因此通过恰当的金融心理学研究应该能够解决这些问题。我相信到了20世纪60年代，人们将越来越关注此类研究。

除了精确认识特定的新闻事件能在何时得到足够多人的注意，从而得出一般性结论外，有没有其他方法可以解决这些心理问题？似乎是有的。1950年，俄勒冈大学工商管理学院的金融学教授伯勒尔进行了一项实验，虽然后来《商业与金融纪事》报道了这一实验，但我认为投资界没有给予它应有的关注。该实验率先采用了一种方法，借此将可以帮助我们了解普通投资者对一项特定影响因素的反应。通过发现常见的投资误区，该方法可能价值连城，因为它可以帮助投资者避免做出可能造成巨大损失的行为。

伯勒尔教授告诉班级里的 40 名学生，他们每个人有 2 万美元的额度，必须立即投资于"A"到"F"6 只股票中。对于这些虚构的股票，学生们掌握的唯一信息是：由伯勒尔教授随意设定的股价、去年的利润、股息率和除息日。学生们可以自由地决定如何在这 6 只股票之间分配资金，教授没有规定他们必须要多样化。

这 6 只股票的价格每隔一段时间都会出现一些随意波动，以模拟股市中的价格变化，学生们可以用他们觉得最有可能增加利润的方式来调整持股。整个实验期间，每位学生在每次股票价格波动后的股票持仓及损益都会被详细记录下来。由于伯勒尔教授想要通过实验确认当一些股票价格上涨而另一些股票价格下跌时一般股票买家是否会亏损，因此他要求学生们必须一直保持满仓投资，而且等到 3 年模拟期结束时，虽然一些股票价格上涨，另一些股票价格下跌，但他设计的股价涨跌却会完全相互抵消。

这项实验的一些结果非常有趣。首先，实验表明所有股票买家都倾向于将他们为股票支付的价格与其内在价值联系起来，伯勒尔教授将此归因为整个班级有向下摊平（average down）的倾向，也就是说，如果学生在 40 美元的价格买进一只股票，那么当它的价格跌到 28 美元时，学生们会认为它此时更具吸引力了。除了忍受损失、向下摊平的倾向外，伯勒尔教授还注意到，最不成功的学生（就本次实验而言）倾向于快速获利，而更成功的学生则会更长时间地持有盈利股票。另一个有趣的现象是，低价股并没有比高价股更受欢迎，为了验证这一点，股票被刻意设计成具有相同的市盈率和收益率，这一情况可能会让那些主张通过"拆分"高价股票来扩大市场规模的人感到困惑。

然而相比实验的结论，这项实验更重要的价值在于它开创了一种新的方法，这种方法可以测试公众对特定影响因素的反应，因为实验可以隔绝现实市场中会引发投资者恐惧和贪婪的所有其他影响因素。例如，可以选择 6 只实际股票，但不公布公司的名称，以避免后见之明的影响，而且这 6 只股票可以在同样的 3 年里有非常不同的市场表现。我们可以让经验丰富的投资者参与其中，而不是学生，同时像实际投资那样，不要求参与者始终保持满仓投资，而是设定一个固定的初始金额，供他们随意投资。买进或出售股票的唯一动机是股价的变化，因为没有其他数据来辅助决策。如今，我们知道股价变化本身就会带来大量的交易，但我们知道的仅此而已。但通过认真地进行上述实验，可能会大大增进我们对投资者如何（以及为什么）行动的了解。如果在（可能出现的）少数非常成功的参与者和大多数不太成功的参与者身上发现了一些一致的行为模式，那么关于投资者应该或不应该做什么就有了更多有用的数据。

除了股票拆分和投资者对股价变化的反应外，我们不需要有丰富的想象力便能看出只要对伯勒尔教授的实验方法稍加修改，便能用来揭示许多其他投资事项的重要性（或不具备重要性）。由于这些心理因素与正确投资行为之间的关系很少得到探究，因此我无法就这些方法能否改善投资者业绩做出武断的声明，我只能说，20 世纪 40 年代和 50 年代在预测经济周期方面的部分投入，很可能会在 20 世纪 60 年代转向这个完全不同的领域。竞争的加剧可能会促使这一转变的发生，因为虽然这种研究不会对投资者面临的最基本问题（要买卖何种股票）有太大影响，但它却可能对第二重要的问题（何时买卖股票）有相当大的影响。

第 2 章

最大股票增值从何而来

　　很多大型证券公司会保存自己以及很多竞争同行所发表的权威"证券分析"报告，虽然它们声称这些报告是对特定股票投资性质的"分析"，但究其本质，实际上是建议投资者买入这些股票。虽然，这些报告无论从篇幅还是内容上都可能大相径庭，但是除去分量上的差异，它们都倾向于向投资者证明报告中提到的股票是有利可图的，这类分析报告很少会持有看跌或中立的观点。

　　作为投资者，你可以找自己的股票经纪人，查看一定数量的"证券分析"报告。这时，你便会注意到能够使股票升值的原因是如此的多元化，以下给出了几个可能的原因：

> 每股股票背后拥有数量不寻常的资产；

> 股息率异常高；

> 现金股息将要增加；

> 即将分配股息或进行股票拆分；

> 市盈率异常低；

> 利润逐年稳定增长；

> 利润将会增长；

> 收入将会增长；

> 一款有吸引力的产品即将投入市场；

> 企业在研发上投入了非常多的资金；

> 由于出现了一位或多位极具商业才能的人士（这种情况少之又少），管理层发生重大变化。

　　不幸的是，在熙熙攘攘的人生道路上，我们往往都过于忙碌，以至于无暇考虑这样做是不是最好的方法，甚至连是不是一个好方法都无从确认。与其花大量时间解读我们不熟悉股票（如 Hooligan 和 Van Astor Brickyards）的巨额资产价值和高股息回报，不如先考虑一些基本的东西，这样反而可能使我们更受益。我们急着购买股票的多种原因是否具有同等重要性？这其中是否存在一些特别重要的因素？是什么使得某些股票会出现巨幅上涨，并为其幸运的持有者带来可观的财富？最重要的是，这些惊人的价值增长（在 5 ～ 10 年里上涨百分之几千）是否应该归功于一些证券公司很少讨论的因素呢？

　　20 世纪 60 年代的激烈竞争，无疑将大大促进人们对这些问题的了解。幸运的是，目前已经取得了足够的进展，让我们可以轻易扫除眼前的一些绊脚石。即使在现在，我们也已经可以看到金融理论逐渐成形。

　　我在本书之前的章节中提到过，我们可以轻易看出股票背后的资产价值与其市场价值几乎没有关系，除非这家公司即将被清算，并且将资产变现所得归还给股东，尽管这一观点如今已得到普遍认可，但其实这只是投资理解方面的一个最新进展。在第一次世界大战之前，大多数投资人在评估股票时会认为资产与利润同等重要。慢慢地，他们从市场的反应中吸取了教训。随着时间的推移，那些基于资产因素考虑的购买建议也就出现得越来越少了。

机警的公司管理层

然而，在完全不考虑资产价值之前，投资者最好还是记住，的确存在一种反向的影响。在没有公司被清算或出售给他人的预期时，单纯拥有大量有价值的资产永远不会推动股价上涨，但是在某些情况下，没有资产却会导致股价下跌。机警的公司管理层会四处寻找那些通过追加投资可以获得异常高回报的领域。这样的管理层如果发现另一家公司能够以少量资产投资获得诱人的高回报，他们就会考虑是否也有机会在该领域内分一杯羹。通常情况下，会有很多原因导致这种想法行不通，比如轻资产、高回报生产商的制造诀窍、专利保护、客户对品牌的忠诚度或其他众多因素中的任何一个。然而，如果新入局者能够以较为容易的方式，进入一个可以用少量资产获得超高利润的行业，那么其他竞争者也很快会蜂拥而入、瓜分市场，使得前者的回报率迅速降低。因此，每当投资者发现这些轻资产、高回报的投资对象时，他都应该像其他行业的企业主管一样，考虑是否要进入该领域。如果投资者发现，找不到合适的商业手段来阻止其他人进入该领域，那么他最好把轻资产视为一个警示信号并且远离。然而，在大多数情况下，投资者都会找到一些充分的理由，用以证明该领域的老牌公司比那些打算进入该领域的公司更具竞争优势。如果不是这样的话，可能早就有其他人与之展开竞争了。在这种情况下，投资者完全可以忽略资产或账面价值，因为这跟股价的未来走势没有任何关系。

　　直到最近，投资者才开始意识到，股息对股票价格走势的影响，其实比人们以前所认为的要小得多。正如我在《怎样选择成长股》一书中详细说明的那样，所得税对许多股票投资者的股息收入造成了重创。此外，股息收入的再投资也存在问题和风险，相比之下，那些优秀的公司管理层将股息收入再投资于为股东创造丰厚利润的业务（而不是派发股息），这样对于股东而言反而更简单也更安全。基于这些原因，有些人偏爱那些不派发现金股息的股票，有些人偏爱很少派发股息的股票，但也有人喜欢高息股并对每次股息的增加满心欢喜。这意味着，提高股息分派比率确实会对股票价值产生一些温和的影响，因为它可以吸引某一类股票投资者。然而，这同时也意味着，增加股息的影响远远小于人们以前所认为的那样，而且股息增加与股价上涨数倍毫无关联，而后者才是成功投资的业绩基准。德州仪器和 Ampex 等快速增长的公司在股市上取得了巨大的成功，这些公司既不派发股息，也没有说明在未来很长一段时间内是否会派发股息，这种现象最终使许多人认识到，虽然股息增加可以造成股价的小幅上扬，但股息与巨额的资本增值却没有任何关系。从不同行业中随意抽取一些向来低派息的公司，如 IBM、陶氏化学公司、明尼苏达矿业及制造公司（3M）以及伊士曼柯达等，它们多年来出色的市场表现，有助于让人们得出同样的观点。

　　如果说派发现金股息在创造市值增长方面的重要性，比人们之前认为的小得多的话，那么越来越多令人印象深刻的数据表明，以股票形式派发股息和股票拆分（剔除现金股息）几乎不存在什么影响。一些深入的研究表明，一旦股票分割完毕，这个因素对股票未来的价格曲线就没有任何影响了。虽然在宣布拆分之前，这些股票的表现似乎比大盘好一些，但是这种（很少是大幅度的股价上涨）表现是不是因为股票拆分也未可知，因为董事会通常会在公司经营状况特别好的时候实施拆分，因此股价在拆分前无论如何都会上涨。就股价的巨大变化而言，股票拆分和股息的总体影响是很小的。有人可能会说，一些投资者喜欢购买股价低于 50 美元的股票，从而在资产有限的情况下买入更多的股票，这会创造对低价股的更多需求。但我们也可以这样说，因股价高低而影响选股的投资者，大多数没有投资眼光，无法分辨出好的投资对象，并成为其长期股东。因此，股票拆分可能会稍稍增加低价股的换手率和成交量，但是对其价值没有任何长期影响，一些高价股的出色表现，便可证明这一点。

销售额的增长、新产品的推出，与利润增长预期有着明显的关联，因此，我们将利润作为导致股价大幅变化的另一个因素来考虑。每股利润的增长和股价的上升之间有着十分密切的联系，而且这很容易得到证明，因此，我认为没有必要用大量的篇幅来讨论大家都知道的、每个投资者都相信的事。每股利润正在增长并有望继续增长，但股价却落后于大盘的情况并不多见。但是，是否还存在其他因素，譬如其他不被人们普遍了解的因素，与盈利水平的变化一起，使得某只股票比市场上涨（或下跌）更多呢？

我相信这是存在的，而了解这种影响的投资者，如果能够正确地评估他所观察到的东西，将有可能在长期获得巨大收益。然而，由于这个概念对于大多数人来说，都是闻所未闻的，所以可能会有点难以掌握。由于我相信这个概念非常重要，并希望确保它被充分理解，所以下面我打算用比较间接及委婉的方式来对它进行解释。

新概念

史密斯先生是一位杰出的外科医生，他被认为是当地医术最为高超的医生。他大笔的行医收入都是客户现付，不存在拖欠的问题，其主要业务成本是办公室租金和一位女职员的工资。在扣除个人所得税以后，他的年收入为 6 万美元。

现在，61 岁的他发现了一个巨大的投资机会，但是这需要他能迅速筹集一笔资金。然而，他的日常生活品质不低，他的两位前妻以及现任妻子一个比一个能花钱，以至于他从来没能攒下任何钱。这时，他想到了一个自认为很好的主意。他最好的朋友从其父亲那里继承了一家大型钣金厂，并通过发售股票筹集了一大笔资金。于是他想，为什么自己不成立一家医疗机构呢？他每年有 6 万美元的收入，可以用来支持这项计划。他将持有其中 20%

的股份，并出售其余 80% 的股份，对应大约 4.8 万美元的收入。那么，人们应该为每年拥有 4.8 万美元税前利润的公司股份支付多少钱呢？

他联系了一位投资银行家，并了解了他们愿意给出的价格，这个价格低到让他觉得不值得做这件事。我猜测你已经知道了其中的大部分原因，然而正如我已经解释过的，一步步拆开来解释这些投资概念在我看来是值得的，因此我还是想在此展开分析一下。

这位医生将来可能会生病或在事故中受伤，这样他的收入随时都可能因为这些意外而停止。而随着年龄增长，停止的概率也会逐年增加，并且终将会在某一天彻底停止，这是必然的。此外，他没有培训任何人来接替他的位置，如果有的话，也不能保证此人会为他的企业继续工作，因为自己单干或许会更好。同时，由于医生的工作强度已经足够高，所以收入增加的可能性几乎没有。相反，他的收入有可能会减少，因为一旦医生只能从他的行医中赚取之前收入的 15%（6 万美元的 20% 减去公司所得税），并且此时可能会从其他投资中获得收益，那么，就没有什么理由让他像以前那样努力工作了。

这样的一人公司，如果能够卖掉的话，最多只能卖到其盈利的 2 ~ 3 倍，因为风险太大而前景渺茫。现在，让我们来看看史密斯医生的朋友，那个卖掉了钣金厂 45% 股权的人。事实上，钣金厂的老板琼斯根本没有以如此高的价格出售这些股份，报道中的高价完全是因为琼斯是一个天生的骗子。由于这是一笔非公开的交易，没有公开的记录，所以琼斯极度夸大了他卖出的价格。实际上，买家鲁宾逊只用了不到 4 倍市盈率的价格来购买他的股票。

鲁宾逊需要支付更高的价钱吗？这是一个根本没什么吸引力的生意，经营这种类型的钣金厂仅仅需要非常便宜的设备和较少的专业技术，任何人都可以轻易地进入这个行业。市场上有许多小型工厂在竞相做这种相对简单的工作，而这却是琼斯的工厂唯一能干的事，他必须接受微薄到几乎无法生存的低利润率。钣金厂生存下来的唯一方式是，向怀有敌意的工会支付其能容忍的最低工资，非强制性的福利一律不提供，并交付勉强满足每份合同规定的廉价或低劣产品。如果说与琼斯打交道的人对其有任何善意或忠诚度的话，估计鲁宾逊是不会相信的。

鲁宾逊的朋友曾警告他不要进行这项收购，因为他只是个小股东，而这家企业的实际控制人是一个没有道德底线的人（琼斯）。如果发生奇迹，工厂真的产生了利润，琼斯也会毫不犹豫地通过增加自己的工资或开支来攫取大部分利润。

年轻的鲁宾逊早就明白这一切，并且除此之外，他还知道一些其他的事情。琼斯的身体状况一直很糟糕，在鲁宾逊彻底了解公司业务之后的两年，琼斯就去世了。鲁宾逊以 5 倍市盈率的价格从琼斯的遗产继承者手中购买了剩余 55% 的股份。由于这是可掌握公司的控股性股权，遗产继承者试图要一个更高的报价，但由于琼斯生前在业界的声誉过于糟糕，因此没有其他任何竞标者出价。

现在，鲁宾逊实施了一个他已经深思熟虑的行动，他知道只有一些最复杂的合金钢和新金属才能够承受高温，未来飞机、导弹、化工厂、炼油厂以及原子反应堆等对这类产品的需求会越来越大。他当然也知道这些材料很难加工，无论是他还是全国的同行，都不能通过量产获利。于是，他找到一位优秀的年轻冶金学家布朗，开出了不菲的价码，如果布朗愿意加入公司（此时公司已经更名为先锋金属公司），他可以得到一些购买原始股的期权。

于是，鲁宾逊和布朗合作接了两个新金属、新合金方面规模不大的订单，结果这两个订单都赔了钱。然而，他们得到了经验，知道了哪些现有设施可以用于生产这些新材料，以及如何设计他们需要但尚未拥有的特殊设备。为了获得这些东西，他们几乎耗尽了企业全部资产和借款能力。但是，他们最终克服了千难万险，得到了这些设备。

在随后的一年里，他们赚到的钱依然很少，但是他们获得了越来越多关于如何加工复杂金属的诀窍。由于这个领域充满难题，因此同行几乎都不愿意进入该领域。随着鲁宾逊和布朗经验的增加，他们的业务量也逐渐增加，并慢慢开始有了一些利润。

接下来的一件事成为公司业务的转折点，他们承接了该领域最大制造商之一的一份代工合同。虽然连这家老牌铸造厂都不愿意亲自处理如此复杂的金属，但是鲁宾逊却口头承诺 8 周内交货。得到他们的承诺之后，这家大型制造商便与其最大的客户签订了合同，为其打造一台重要设备，好让客户赶上销售旺季。如果不能按时交货，就要付出巨额赔偿，在距离交货日期还有 4 周时，鲁宾逊的员工由于判断失误，使得按期交货几乎化为泡影，更让鲁宾逊的心态濒临崩溃。

鲁宾逊虽然并没有签署合同承诺按时交货，但是他认为自己的口头承诺也同样有约束力。虽然他的财务资源已经严重不足，资金也所剩无几，但他还是毫不吝啬地批准了加班以及双倍工资。他甚至雇用了额外的帮手，以便在剩下的 4 周时间内完成本需要 8 周才能完成的工作。他坚持认为自己的公司应该为所处的困境负责，并没有要求买方提供额外的补偿。当他完全按照承诺交货时，他估算了一下自己的流动资产和尚未支付的账单，并情绪低落地认为自己的商业生涯已经结束了。

他没想到的是，他的职业生涯并没有因此结束，反而是第一次迎来了真正的大爆发。他如约交付的那家大公司的总裁邀请他共进午餐，对方告诉他，他的公司正是他们长期以来一直在寻找的那种可靠供应商。鲁宾逊还被告知，如果他不愿意接受额外补偿以弥补他在这次合作中的损失的话，这家大型制造商出于自身利益的考虑，将会坚持贷款给先锋金属，好让鲁宾逊能够维持公司的经营。同样重要的是，这件事情很快传遍了整个行业，许多其他潜在客户都听说了此事，许多不同行业的公司都需要像鲁宾逊这样可以真正信赖的供应商。于是，大量业务开始涌入。现在，先锋金属公司已经不是以前的那个琼斯钣金厂了，业务也不再是简单粗暴、利润率奇低的竞标业务了。先锋金属公司拥有专业知识，同时又值得信赖，这一点非常独特，让富有的合作方认为支付更高的价格是值得的。公司的利润率合理，虽然购买了更多的设备，但是贷款都及时还清了。

同时，与之前的琼斯钣金厂相比，先锋金属公司的员工关系和客户关系也大为改善。即使在鲁宾逊无比艰难的时候，他也努力在经济能力允许的范围内善待员工，提供各种可能的福利。员工们很快就感受到了这一点，大家齐心协力，反而使得生产力也得到了提高。随着业务蒸蒸日上，发生了另一件事，跟鲁宾逊赢得客户尊敬的事情同样具有戏剧性，只是这次是一个悲剧。他派公司一名员工乘坐公司的汽车去办事。在一条开阔的道路上，一辆迎面而来的汽车失去控制，与该员工乘坐的汽车发生了碰撞。先锋金属虽然没有过错，但这名员工失去了生命。

鲁宾逊想不出自己应该做些什么，但是他觉得应该立刻去拜访这名员工的遗孀，然后他发现这名员工家中有三个学龄前的孩子。虽然鲁宾逊没有任何法律上的经济义务，但是他告诉对方，公司觉得应该对孩子们负起责任，会立即成立一个信托基金，以确保他们不仅能读高中，将来还能上大学，而全部费用则由公司来承担。

就像所有其他类似的事情一样，这件事迅速传遍了工厂，从一个家庭传到另一个家庭。这让无论是先锋金属公司的员工，还是其他人都觉得，这里是一个适合工作的地方，在这里可以一直得到合理对待，在紧急情况下公司还会给予支持。从那时起，先锋金属公司的离职率便远远低于该地区的平均水平。随着业务的扩大，公司不再需要雇用新人。公司的政策是不断寻找那些可以提拔的人，公司业务增长是如此之快，以至于存在许多晋升的机会。同时，这家公司当前的每个岗位都有许多人申请，所以找到合适的人是完全没有问题的，只有最具潜力的人才会被聘用。

这可能是鲁宾逊所有管理措施中最有价值的一个，先是一位，接着是两位，然后是第三位乃至更多的员工表现出杰出的管理才能。他们了解鲁宾逊的目标和政策，能够像他一样思考，并在需要时可以接替他的工作。一个真正的管理团队正在形成，公司不再是由一个人管理。与核心研发人员一样，这些管理人员也被公司以诱人的原始股期权与公司的未来绑定在了一起。

到了此时，许多企业家都会选择安于现状，但鲁宾逊是一个与众不同的人。他鼓励员工不断寻找新的增长领域，凭借公司的专业技术去开辟大多数竞争对手难以挖掘的新市场。他发明了一些新型轴承，可以用公司擅长加工的特殊金属材料制造，这些轴承具有一些特殊功能，无法以其他方式制造。同时，先锋金属公司的员工中还出现了一些能够设计特殊设备的工程师，他们具备知识和想象力来设计所需的生产设备，这使得新的生产线几乎一开始就获得了成功。现在看来，如果该公司能够找到足够的资金，在全国范围复制几个类似的工厂，完全有可能成为这个新兴的、发展迅速的专业轴承领域的全国领导者。

然而，最为重要的是，先锋金属必须在其他业者追赶上来之前完成全国布局，这样公司才能够成为业内主要供应商。

由于过多的负债会给企业带来财务风险，出于公司安全的考虑，鲁宾逊决定公开出售股票，以募集需要的资金。

在鲁宾逊买下琼斯钣金厂 10 年之后，他将每股利润提升为原来的 10 倍。但是现在，我要谈的是一件更重要的事情，它是如此重要，以至于我花了这么多篇幅，来为大家讲述一个基本（但不完全）虚构的案例。我讲述的案例并非完全是虚构的，因为我描述的先锋金属公司的一些故事，在现实中都发生了，只是并非都发生在同一家公司身上而已。

鲁宾逊与一些投资银行家就发行新股进行了一些讨论，以确定股票如何定价才是合理的。他发现从投资者的角度来看，与之前的琼斯钣金厂相比，公司已经发生了翻天覆地的变化，主要原因有三个：

（1）之前的公司管理者只是一个能力不强、后继无人的经理人，现在的公司管理团队则由数位杰出的企业人士组成，他们中的任何一个都可以领导公司并继续执行现行策略。此外，公司拥有卓有成效的人才培养机制，当前领导岗位上的人都是从基层竞争中脱颖而出的，随着这些人年龄的增长，还会有其他人脱颖而出，后继有人。

（2）之前的公司利润率过低，以至于稍有不慎就会酿成灾难。而现在公司获得了巨大技术领先优势（基于聚沙成塔的长期经验，而不是某一个惊世秘诀），同时客户倾向于选择自己可信赖的供应商，因此只要价格合理，顾客都会接受，所以现在公司利润率很不错。

（3）公司在现已扎根的领域仍然有望获得可观的增长，此外，以前发掘出全新市场机会的技术团队，将来很可能还会再发现其他市场机会。

基于这些原因，鲁宾逊被告知先锋金属公司可以用 18 倍的市盈率发行股票筹集资金，而鲁宾逊在 10 ～ 12 年前购买股票时支付的价格只有当年盈利的 4 倍。

这种市盈率的变化是经常被忽视的关键点，因为这正是股市最大的获利来源。让我们通过简单的计算来看看这个因素有多重要。我们假设鲁宾逊最初以 3 万美元的总成本获得了琼斯钣金厂 100% 的股权。当他计划进行第一次公开融资时，每股盈利增长了 10 倍，所以如果交易市盈率保持不变，他的持股价值将增加至 30 万美元。然而，由于（现在公司是在一个优秀的管理团队领导之下）市盈率又扩大为原来的 4 倍，因此其他人为他的股票所支付的价格也增长至原先的 4 倍，达到了 120 万美元。换句话说，他 12 年的出色工作所换来的惊人利润中，有 90 万美元是由于其持股在市场上市盈率的变化而产生的（不包括他在此期间微薄且需要缴税的工资）。如果市盈率没有发生变化，公司盈利的巨大增长只会给他带来 30 万美元的收益。

有时候，股市泡沫也会暂时带来相当可观的市盈率提升。当投资者过度看好某个行业的前景时，这种情况就会发生，并在一段时间内将股价推高到不切实际的水平。另外，有时投资者会对整个股票市场过度热情（或过度冷漠），并在一两年的时间内，使得整个市场暂时出现过高（或过低）的市盈率。然而，市盈率的最大改变来自且只来自一个原因——公司出现根本性的改变，这种改变将持续多年，而且独立于整个市场。这些变化使特定股票在投资者眼中比以前更安全，也更具吸引力。我希望在"先锋金属公司"这个案例中谈到的各种细节，有助于让大家理解我所描述的公司管理问题为何不仅仅是只具有抽象意义的理论问题，事实上，它们在本质上决定了当前收益对投资者的真正价值。

在先锋金属的股价已经从鲁宾逊购进时上涨了 4 000% 之后，投资者购买这只股票是否还是一个明智的决定？假设先锋金属公司后来实现了盈利进一步增长的承诺，考虑到市盈率的重要性，就算利润还有可能再进一步增长，具有远见的投资者在市盈率大幅飙升之后再购买股票是否已不再明智？为了理解这个问题的答案，让我们（不必像之前那样太过深入探讨细节）看看先锋金属在接下来 10 年，也就是在鲁宾逊管理下第 2 个 10 年的发展。

由于专业化轴承业务发展顺利，先锋金属公司最终成为该领域公认的领导者。但在这个过程中，发生了一件更为重要的事情。管理团队已经学会了在技术前沿寻找新领域的技巧，这其中存在着巨大的业务成长空间，而公司在这些领域中具有特殊的优势，使其能够脱颖而出。于是，公司开展了几项这样的新业务，虽然并非所有业务都取得了成功，但是大多数都成功了。由于每个新业务的初始投资都很小，业务成功后才会投入大量的资金，因此随着新业务逐渐开始取得利润，其获利远远超过了少数失败项目所投入的成本。为了给这些有价值的新业务提供资金，公司不得不数次增发股票。然而，公司只有在增加的利润足够多，且在融资后即使流通股数量增加每股利润仍有提高（而不是稀释）时，才会进行股票增发，其结果是，在首次公开募资 10 年后，先锋金属的每股利润又增长了 3 倍。当然，公司的总利润增长得更多，但从流通股的每股利润角度来看，这对投资者来说毫无意义，因为影响他们收益的是每股利润的增长。

机构买入的作用

不过与此同时，又发生了一些其他事情。随着公司规模的成长以及业务的多元化，国内的大型金融机构对先锋金属的发展产生了兴趣。时至今日，它已经证明了自己的价值，以至于投资信托、养老基金，甚至最难讨好但又最受欢迎的一类机构投资者——银行的信托部门，都打算投入资金到先锋金属公司的股票中。首先，这家公司的股票现在有足够多的流通量，流动性足够强，这样在进行大宗交易时，买进或卖出都不成问题，而这在先锋金属公司股票首次向公众发售时并不存在。此外，先锋金属公司不断拓展的新增长领域，对于打算涉足其中的普通竞争者来说太复杂了，这些都使得该股票特别契合这些机构投资者的需求。

在本书的第 1 章里，我讨论了机构买家对市场的影响。我解释了为什么机构买入会集中在相对较少的股票上，这往往会使为数不多被选中的股票，相对于那些未被机构买家选中的股票，（通常合法地）以更高的市盈率交易。现在的先锋金属公司完全有资格成为这类股票，它的市盈率达到了 36 倍。

因此在这十年中，先锋金属公司的股价因公司利润上升而增长了 3 倍，并进一步由于市盈率的提高，股价再翻了一番。简而言之，那些在先锋金属公司首次公开发行股票时买入股票的投资人在 10 年里获得了 600% 的回报。假如投资风险不高的话，很少有投资者会对这样的回报视而不见，关于风险的问题我将稍后讨论。另一方面，考虑到该公司的发展分为两个阶段，琼斯阶段与鲁宾逊阶段，相比后一个阶段的回报，虽然前一个阶段也有回报，但金额微不足道。如果在 20 ～ 22 年前，有人买下琼斯的持股来帮助鲁宾逊取得控制权的话，这些人最初 3 万美元的原始投资 10 年前将增加到 120 万美元，而到如今将再增长至 6 倍，达到 720 万美元，这意味着整个持有期间升值为原来的 120 倍。

这个虚构例子中的数字是否被夸大了？事实上没有，与美国各个工业领域几十上百位杰出企业家所做的贡献相比，这些数字不是夸大了，而是不够大。20 世纪 30 年代初，我的办公室位于旧金山，就在办公室南边 30 英里⊖的地方，有两位才华横溢的工程师在一间小办公室里创建了一个公司。一位是威廉·R. 休利特，一位是戴维·帕卡德，他们两位共同创建了电子实验设备制造企业惠普公司。在没有向公众增发任何股票的情况下（最近几年，他们出售了一点自己的持股，目的在于促进资产多元化以及多准备一些流动资产以应对遗产税），该公司当前的市值远超 1.5亿美元。两位创始人仍然持有公司大部分股份，惠普公司的故事与"虚构的"先锋金属公司的故事发生在同一时期。在惠普公司以北约 6 英里处是 Ampex 公司的所在地，在 20 世纪 40 年代末，有 4 个人接管了这家当时很小的公司。他们一共向该公司投入了约 40 万美元，包括对公司的贷款和预付款。如果这 4 个人一直持有他们当时得到的所有股份，那么在我写这篇文章时，这些股份的市值将超过 4 000 万美元！根据 Ampex 最新披露的信息，他们目前的持股比例约为 80%，价值 3 200 万美元，他们在股价上涨时卖出了 20% 的股票，这部分也不容小觑，因为股东们在分散化投资的同时，必然又多拿到了数百万美元的现金。

即使在旧金山附近这片不大的区域里，这两个例子也绝非独一无二。旧金山一位最能干的金融家，曾经在国际整流器公司（International Rectifier Company）成立之初进行了 1 万美元的风险投资。15 年后的今天，他在这家南加州制造商的持股价值超过 300 万美元。他最近告诉我，4 年多以前，他在旧金山湾区投资

　⊖　1 英里 =1609.344 米。

了另一家新办公司，如今其市值已超过 150 万美元。在旧金山往北的波特兰，如果 Tectronics 公司能如预期一般发行上市，将会给很多人带来大量财富。

在本书的其他章节，我讨论了芝加哥的 A.C.尼尔森和达拉斯的德州仪器等公司。看一眼这类公司的最新财报，你就会发现，这些公司的业绩相当可观。尽管 A.C.尼尔森公司在 20 世纪 20 年代才成立，且在成立大约 12 年后才确立了如今的策略，从而开始繁荣壮大，但该公司出色的创始人的持股价值如今已高达 1 250 万美元左右。德州仪器的发展历程更加令人惊叹，这家公司的成立时间比 A.C.尼尔森公司还晚两年左右。这家公司的三位主要股东以及后来加入的另一名主要高管都不算是富人。然而现在，有一位主要股东的持股价值已经达到了近 8 000 万美元，另两位主要股东的持股价值大约在 6 000 万美元左右，而相对较晚加入的高管的持股价值也达到了 2 500 万美元！

我可以很容易地列出一长串其他公司的名字，这些公司在近年来所创造的财富远远超过了先锋金属公司的案例。我不愿意这样做，是因为对于这些现实中的公司，我谈不上对它们的背景情况了如指掌，所以我不能完全确定股价大涨是源于每股利润的内在价值出现增长，而利润增长是源于公司的管理改进。然而我还想提一下太平洋沿岸的几家公司，一家是极其成功的利顿工业公司，另一家是历史稍长一些的弗里登计算机公司，后者在 20 世纪 30 年代中期的市值也就几十万美元（这时早已过了

1932 ～ 1933 年市场大萧条的全打折时代），如今它的市值高达
8 500 万美元。斯坦森仪器和伊莱克仪器是西海岸的另外两家公司（尽管它们的名字有点类似，但业务却相当不同），其出色的管理层和股东展示了这种非凡的财富创造力。

如果不局限于这些年轻的公司，而是回溯到五六十年前成立的公司，这样的例子就会增加到数以百计。通用汽车公司或者规模比现在小得多、一度濒临破产的陶氏化学公司，都曾造就过数量惊人的百万富翁，这些都已成为商业历史的一部分。许多人没有意识到，美国工业化以来的数十年间，这类公司的数量正在以惊人速度增加。

另一个有趣的现象是，在这些公司中，有许多公司在刚开始经营时，并没有从事特别有吸引力的业务。就像我们举例的琼斯钣金厂，这些公司有很多是在发展过程中，找到了有吸引力的相关领域并获得了成功，它们之所以可以进入这些领域，可归功于它们原有业务使它们在这些领域拥有一些优势（如德州仪器在晶体管领域）。另外一些公司，比如那些非常成功的化学公司，很快就发现在其领域内成功的核心在于不断做出正确（或者至少大概率正确）的决定，选择进入或退出哪些细分市场。

如果你已经完全相信我对先锋金属公司案例的描述，实际上是低估而不是夸大了现实商业世界中不断呈现的事实的话，那么就让我们回到一个很基本的、我先前提出但尚未回答的问题上。继续以先锋金属公司为例，既然 10 年前可以找到赚取 40 倍回报

的机会，为什么聪明的投资者还会愿意以 18 倍市盈率购买公司股票，并满足于 10 年内仅获 6 倍（尽管这个结果也不错）的回报呢？

当然，答案在于所涉及的风险程度。评价一项投资的标准，不是只看在一切顺利的情况下可以从中赚取多少钱，相反，而是应该基于涉及的风险来看能赚多少钱。在先锋金属公司的案例中，公司早期的市盈率的确很低，因为那时公司能否存活下来都是个未知数，它需要好的运气和决策力。假设鲁宾逊在关键的公司发展早期得了重病，而团队里却没有其他人可以替代他的工作，会是什么情形呢？假设千里之外的某个研究团队取得了一项出色的技术发现，证明了其他廉价新金属或合金的性能大大优于先锋金属公司刚要开始建立声誉的产品，又会是怎样一番情形呢？假设那位对先锋金属公司的表现非常满意并提出为其提供必要贷款以避免其破产的大型制造商的总裁，当时正好在欧洲度假，而他的助手虽然也欣赏先锋金属公司，但却不认为应该"越俎代庖"，主动提供资金给先锋金属公司，这又会带来什么后果呢？以上这些完全有可能发生的事情，或者其他情况，都可能导致鲁宾逊的投资故事出现完全不同的结局。

相比之下，当以 18 倍市盈率发行股票时，能够阻止公司进一步增长的情况已经不多，即使人们发现了更好的金属和合金替代品，也不会产生严重的影响。这时，公司已经拥有了能够生产新材料的技术能力，同样重要的是，拥有了能够度过昂贵的学习摸索期的财务实力。到了这个时候，先锋金属公司已经开展了新的轴承业务，具备足够的多元化，在新业务发展的昂贵过渡期，其他业务仍能保持高利润。简而言之，与在巨大风险下取得 40 倍的回报相比，在极低风险下取得 6 倍回报的吸引力要大得多。

　　但是，接下来第 3 个 10 年的情况会如何？该股票现在以 36 倍的市盈率在交易，它在股市享有了崇高的名声和地位。通常，在这种情况下，它的市盈率在正常年份已经不可能更高了。在这种情况下，购买先锋金属公司的股票岂不是相当愚蠢？此时，提升价值的唯一可能来自利润的改善。这种仅靠盈利能力增加带来的股价升值，将不可能与市盈率同步增长带来的乘数效应相提并论。

通常被忽视的奖励

　　我已经在本书第 1 章中讨论了这些机构持股的投资特点，没有必要在这里重复。不过，有一点还需要强调，那就是杰出的公司管理层会给投资者带来双重回报。股票市盈率不定期但持续地提升，直至达到所谓的"机构投资顶点"（先锋金属公司已经达到了），其带来的巨大回报，投资者似乎很少注意到。因此，基于其巨大的金钱意义，我要用一节来加以说明。

　　杰出的公司管理层还给投资者带来了第二种同等重要的回报，这种回报能够超越经济周期所造成的暂时性涨跌，使得股东

的盈利以远高于平均水平的速度在数十年间不断增长。如果先锋
金属公司股票能以 36 倍的市盈率买卖，这就意味着管理层非常
优秀，公司地位非常稳固。人们普遍认为，公司在未来 10 年，
将取得与过去 10 年差不多的增长速度，利润将增长 3 倍，这些
都会被认为是"很正常的情况"。如此一来，如果该公司已经发
展到这样的程度，其价值在未来 10 年内具有增长 3 倍的可能性，
而涉及的风险仅为 10 年前的一半，那么该股票今天的吸引力（获
得收益与未获得该收益的风险之比）与 10 年前股票会在更大的风
险下取得多一倍的回报相比，依然毫不逊色。[⊖]

一个精明的投资者可能会得出这样的结论：根据抽样统计的
原则，如果我得到的关于先锋金属公司的数据是正确的，那么在
20 年前、10 年前和今天投资先锋金属公司股票可能具有同等吸
引力。然而，他可能对这个一般性结论完全不感兴趣，他感兴趣
的是对他来说最有吸引力的投资，他的特定投资需求和目标可能
与其他也在考虑此事的投资者大不相同。

我个人认为，投资者可支配的资源总量，可能是决定哪类
投资对他最有吸引力的一个重要因素。如果他只有几千美元，而
且没有其他来源，他应该做出一个坦率而现实的决定。他应该明
白，按照大多数低风险投资的可能增长率，这几千美元不太可能
增长到足以改善其生活条件的数额。因此，他必须在两件事情当

⊖ 10 年前市盈率为 18 倍，如今为 36 倍，但 10 年后仍为 36 倍，因此 10 年前
的投资回报高一倍，但风险大一倍。——译者注

中做出选择。一是，他是否愿意将这笔资金作为一个防通货膨胀的储蓄金，以支持他或他的家人应对未来可能出现的一些意外的紧急情况？如果是这样的话，他最好将投资目标放在低风险的机构型股票上，类似于 36 倍市盈率的先锋金属公司。如果他认为这些钱本质上都是"闲钱"，他有足够的其他资产来帮助他应对紧急情况，那么，当他还很年轻的时候，他可能会决定，如果遇到一家由杰出企业家管理的有前途的企业，他应该冒巨大的风险参与这项会带来不可思议回报的投资，而且等到企业家获得金融界广泛认可后，还将因为市盈率的巨大提升，收获更为可观的回报。

对于大户投资者而言，选择要简单得多。他现在已经有足够多的资产来维持其生活水平，那么，他现在显然处于一个幸运的状况，而严重投资损失有可能会危及这一情况，因此，他应该集中投资于这样的股票组合，包括类似 10 年前的先锋金属，以及如今的先锋金属。然而这取决于一系列的变量，例如他富裕的程度（在不会从根本上影响生活水平的情况下，他最大可承受损失是多少），以及他对进一步增加财富的渴望（考虑他的年龄、为子女创造发展条件的动机等因素），他也可能决定将少量资金配置在类似先锋金属公司早期阶段的股票上。无论个人投资者的策略是什么，如果他了解所涉及的因素，他都可以更明智地做出具体的决定。如果他意识到这项总是被忽视的基本事实，即在影响股票价值重大变化方面，市盈率变动是与利润变动同样巨大的投资力量，那么他就能更好地评估特定情况发生的可能性，并进而确定该情况是否符合他的需求。

这让我们回到了最初的讨论，在典型的华尔街给出的买进一只股票的各种理由之中，令人惊讶的是最重要的理由却极少见到，比如"这家公司的管理层逐渐证明，自己有能力将公司发展成最终会赢得机构认可的成长型公司，但迄今为止，该股票的市盈率尚未显示出金融界对该公司管理质量的认可"。如果这种说法是准确的，这家公司的管理层日后将解开成功投资的秘诀：公司盈利的大幅增长，将因为叠加股票市盈率提升的效应，使得股价大幅增长。

然而，要解锁这个价值宝库，这样的陈述所依据的事实和理论都必须是准确的。正如本书其他地方所解释的那样，与那些有能力的管理层所带来的高市盈率相比，低市盈率通常意味着投资陷阱，而不是投资宝藏。管理团队必须是真的杰出，而不仅仅是被称为杰出，就像波士顿一家大型信托公司的几名高管所言：在评估一只股票时，管理层因素占90%，行业因素占9%，所有其他因素占1%。虽然我们不能也不打算从数学上去证明这一陈述中的百分比数字，但它简单总结了本节讨论的事项，指出了股票价值实现最大增长的关键所在。

第 3 章

投资人与金融业何去何从

《怎样选择成长股》的出版带来了一个完全意想不到的效果，那就是它让我洞悉了近两年最让投资者担忧的事情。因为自从该书出版以来，读者的拜访、电话和来信纷至沓来。他们大多数都有这样或那样的问题，这些问题五花八门，但其中我被问到最多的是："我一直在寻找一位值得信赖的人，但我找不到对其推荐的股票真正了解的专业人士，我愿意为专业的服务付费，你能告诉我该找谁吗？"

虽然不断有来自全美各地的人向我提出这个问题，但我并不是说现在的投资行业无法满足投资者的需求，只是其中一些人可能对此状况毫无察觉。尽管在投资的一些细分领域，许多人已经找到能干的人来帮助他们投资，然而，还有数量惊人的投资者找不到他们觉得合适的投资顾问，我相信，这也意味着投资行业的基本方法，还有大幅改善的可能。

我一开始有些犹豫，在这样一本面向投资者的书中，是否应该讨论投资行业现今的做法存在什么问题，以及最终如何补救的话题。我后来判定讨论这些是合适的。如果正像我相信的那样，大部分投资者即使愿意花钱，也无法找到他们所需要的帮助，那么了解这个问题产生的原因应该对他们会有所帮助。不仅如此，如果理解这其中的缘由，他们还能更好地判断哪些投资服务最有可能满足他们的需求，那么这些内容就变得更有意义了。

我确信本书其他章节所涉及的问题将在 20 世纪 60 年代影响投资者，我接下来要描绘的变化也可能在这一时期发生。相比之下，虽然我相信投资行业的这些改变终将到来，但我无法确切地知道何时会发生，原因就在于当下投资行业的普遍繁荣。我认为，这些年股票价格普遍上涨的趋势，部分掩盖了许多投资顾问在指导他人投资方面的不足。这种股价的涨势，也让相当一部分表现平庸的投资顾问和表现出色的顾问一样，能够年复一年地为自己赚取大把钞票。只要市场持续繁荣，就不会有大刀阔斧改革的动机，因为人们天生会有一种强烈的倾向："当一切都很美好的时候，何必没事儿找事，只是为了多赚一点儿，就采取不同的方式呢？"

这并不是说只有漫长的熊市到来，打破了投资业的繁荣时，才能引发变革。具有开拓视野的金融业领袖，随时可能发挥他们的才智，开发出终将成为主流的、发现未来热门投资机会的技术。但这确实意味着，虽然我可以指出投资业务的发展方向，但我无法预测它究竟是在 2 年后还是 12 年后实现。

了解整件事的第一步，在于明确投资者的需求，弄清楚他们想从金融人士那里得到什么帮助。在非专业投资者中，只有极少数人认为自己有能力管好自己的钱，他们只需要经纪服务。绝大多数人感兴趣的，实际上只有一件事，那就是与靠谱的顾问打交道，这些顾问充分了解自己所推荐的股票，且这些股票在一段合理的时间内，会表现得跟他们描述的一样。

令人惊讶的是，在当今这个时代，大部分投资者在这方面已经十分理性了，或者应该说是老练。不过有些人仍然希望他们的投资顾问告诉他们本周哪只股票会上涨 3%，或者市场接下来是什么走势。令人欣慰的是，这样的投资者已经越来越少了。大多数投资者想要的是一位对所推荐的股票有深刻认知的人，当他说公司的分红是安全的时，它就真的是安全的，或者当他说一只股票会在一段合理时间内上涨时，其涨幅就会确实超过大盘而不是低于大盘。对于那些根据他人建议来购买股票的人来说，不论这些建议是来自投资顾问、经纪人还是与其有业务往来的投资银行部门，他们唯一的诉求就是得到大概率正确的建议。那些把钱放在投资信托或银行信托部门的投资者也同样如此。在这种情况下，客户主要希望那些机构中负责这些业务的人，充分了解他们所做的事情，以便客户买进股票的表现能总体上符合买进时的预期。

业绩表现对于投资顾问和他的客户都很重要。有些投资顾问可能看起来笨拙且冷漠，但如果他能持续地挑选出表现出色的股票，那么他的客户就会一传十、十传百地带来更多客户，直到超出他的服务能力。相比之下，即使是世界上最友善、最讨人喜欢、最勤奋的绅士，如果他的工作是为人提供投资建议的话，那么只要他经常选错股票，就必然会濒临破产。从股票交易顾问的视角看，过往推荐个股的成败记录或许比所有其他因素都更能决定他如今的成功程度。

尽管选股准确性对于投资顾问和他的客户而言非常重要，但令人惊讶的是，投资顾问和他们所在的机构却似乎只花很少的时间来检查与核对投资建议的可靠性，反而是花费了大量时间向他们的客户推荐那些未经充分调查的股票。他们花在完善投资方法以最大化保证自己的投资建议更具吸引力的时间，甚至更少。然而，对于投资顾问和他们的客户来说，挑选杰出股票时所用的方法是卓越还是差劲，在短短十年间，就可以决定他们是成功或是失败。

投资评估的方法

我们可不要犯这些常见的错误。让我们先来考察一下近些年发展起来的用于提升投资业绩的成功的方法。通过这种方式，我们可以了解现有方法的优缺点。如果能够了解它们的短板，我们就会知道应该避免什么，以及未来改进的方向。

在 30 年前，评判具有吸引力股票的主流方式，是详细分析公开的资产负债表和利润表。然后，人们主要基于这些会计信息，以及对公司业务本质的简单理解（就像普通人对公司产品线的认知那样），来做出投资决策。试图用这种方式挑选出好的投资机会，就像试图在只知道对方名字和看过几张照片的情况下选择终身伴侣一样不明智（且成功的概率大致相同）。运气好的话，这种方式或许能够成就一桩美满的婚姻或一项有效的长期投资。然而，由于对终身伴侣或股票的许多基本特征完全不了解，这种做法导致严重误判的风险相当高。尽管还有其他一些因素共同引发了大萧条，但 1929 ～ 1932 年的大熊市向我们清楚地说明了完全依赖这种选股方式的人有何结局。这段时期给了金融界一个很重要的启示：想要取得股票投资的成功，需要付出更多的努力。

在大萧条的困境之中，人们在股票评估艺术上又迈出了一大步，那就是通过联系公司的高管层，询问他们影响公司股票投资状况的问题。20 世纪 30 年代，各种各样的分析师组织开始出现，也因此开启了上市公司调研的时代。这同时也开启了公司高管回访金融中心，向金融界人士的组织或协会介绍他们所管理的公司有何亮点的时代。

这一做法很有帮助，那些不辞辛劳地与管理层接触的人，对公司的各种优劣有了比以往更加深入的了解。然而到二战结束时，人们开始意识到这还不够。只有通过更多的措施，才能彻底避免平庸和差劲的投资，提高选股的成功率。投资人要真正理解自己的工作，还需要付出更多的努力。

随后，投资方法又向前迈进了一大步。由于没有更好的术语，我在《怎样选择成长股》一书中将其称为"闲聊法"，即充分利用与该公司有着或有过业务往来的外部人士，并从他们那里获取大量有关该公司的信息，这些外部人士包括其客户、供应商、竞争对手、政府或大学的科学家以及前雇员等。他们通常都非常清楚与他们有业务往来的公司的优势，而更重要的是，他们也知道其弱点所在。在这些知情人士中，个别人所讲述的内容可能会充满偏见和误导。但如果能掌握到足够多的信息来源并明确告知对方想了解什么以及想知道的理由，只要将这类信息拼凑在一起，所研究公司的情况就会非常清晰地展现出来。

为什么以这种迂回的方式来获取信息很重要？因为只有如此，那些之前跟公司没有联系的人，才能充分了解它的情况，才能在好不容易获得与被投资公司高管交流的机会时，知道该寻求什么样的信息。这些公司的高管或许非常直接，并愿意开诚布公地回答问题。然而，除非有人问他，否则一家公司的高管怎么会主动透露自己公司的缺点呢？例如，公司财务主管在接受投资人员采访时会不会主动透露，该公司为挽留一些杰出的科学家而花费的巨额资金被挪作他用了，这是因为研究总监和销售副总裁之间的关系非常糟糕，以至于这笔钱大多被用于新产品的研发活动，但新产品的潜在市场非常小，以至于永远不会给股东带来多大好处。很明显，这类重要的信息永远不会不请自来。一方面，财务主管绝对不想卷入与其他主管之间的纷争。另一方面，如果财务主管意识到这位投资人已经知道了这一情况，他可能在回答这个问题时，措辞非常谨慎，但他的回答仍然能够暗示报道是否属实。投资人在听到这种答案之后，或许还可以提出一系列更重要的问题，比如"公司是否正在采取措施来纠正这种情况？如果是的话，具体采取了怎样的措施？"

约见公司高管前进行"闲聊"非常重要，这不仅仅是为了打探对投资决策有重要影响的机密信息。判断一家公司的长期发展前景时，没有什么比高管团队的整体效率更重要了。那些规模足够大并引起投资者兴趣的公司，通常会有五六位重要高管。只有少数投资人能够在还没有进行投资，只是调查投资可能性的时候，就得到管理层的赏识并获得与公司全部或大部分重要高管会面的机会。因此，投资者见到的一两位高管，其管理水平可能远高于或远低于公司管理团队的平均水准。这时候，除非投资人预先通过"闲聊"充分了解了团队中每位高管的情况，否则他将很难通过他见到的一两位高管来判断整个公司高管团队的效率与状态。在试图区分一项投资是伟大还是普通时，这类判断错误的代价可能是高昂的。相比之下，如果通过"闲聊"做好充分准备，投资人在听到许多人评论某位高管能力超群或比较无能后，就可以特别要求与他会面。如果见到他，就可以通过面对面交谈来验证这些传言，进而取得极大优势。

正因如此，这种先从有业务关系的人那里搜集大量信息，然后再约见公司高管的调研方式，才能带来更好的投资结果。而大部分普通投资者是很难通过其他方法发现公司缺点的。当然，这种做法需要花费不少时间。然而，对于那些想要将其管理的资金重仓到某只远远跑赢大盘的股票的人来说，其回报非常可观，因此很显然花费在这上面的时间的效益非常高。

如果"闲聊法"有这么多好处，是不是代表它就是当前经济情况下终极的成功投资方法呢？我认为它有一个明显的弱点。假以时日（但我不知道需要多长时间），它将被一种更先进的方法所代替，而这个先进的方法将彻底改变投资行业。最终，它将解决目前许多投资者无法得到有效指导的问题。

这种"闲聊法"的短板在哪里，为什么最终会有更好的方法取代它？它的短板在于效率太低了。一个独立工作的分析师可能需要几个月的时间来获得他所需要的最基础的背景信息。然后，在公司外部找到一个非常了解该公司优缺点的人也并不是一件简单的事情。有时，找到能够介绍这些外部人士且让他们愿意跟投资人见面并回答问题的中间人，也同样困难。地理位置则是另一个问题，许多最好的信息提供者可能都不在投资人家乡。随着调研的深入，与人远距离沟通并进行信息的交叉验证显然也是很困难的。除此之外，通常距离越远，就越难找到好的可以帮忙介绍理想信息提供者的中间人。

不幸的是，如今科技和金融飞速发展，机会并不会在原地等候这种耗时的调研。很多时候，在必要的研究完成之前，其他人可能已经发掘出了这个投资机会，这会让仍在研究中的股票价格大幅上涨，从而使得其投资吸引力相比于研究开始时大幅下降。另外，在这样一个大量投资机会与科技进步深度结合的时代，投资人可能需要面对极其复杂的技术，他可能无法分辨充满争议的技术主张，他可能会发现自己的学术背景没有办法让他搞清楚这些细节并做出明智的投资决定。

在卓越公司的实验室中，研发人员克服重重困难，研发出复杂的技术，这也为提高选股技术指明了方向。人类社会重要的发明和创新产品，不再是某一个天才独自工作的成果，相反，它们是在一群来自不同专业和背景的人的共同努力下诞生的。举个例子，现代产业中一项重要的新产品或工艺，很可能是集体合作的成果，而不是一个人的成就，其中可能包括化学家、物理学家、理论数学家、生产工程师、生物学家以及销售部门的代表。大家相互交流彼此想法，团队充分利用各自的专业知识，才能够在复杂技术的开发上取得更大的进展。

然而不要忘记的是，这种合作并不容易。背景迥异的人，脾气可能合不来，而要让他们拥有相同的愿景和目标，似乎就更不可能了。因此，真正意义上的团队合作不是轻而易举就能实现的。只有通过艰难的反复试错，产业界才能学会如何建立领导力，将不同性格和教育背景的人有机融合在一起，并取得重大的实际成就。

现在让我们回到金融行业。今天一些最大规模和最成功的投资银行、券商和投顾公司都拥有一些真正的或所谓的投资专家，他们每个人都专攻某个特定行业，这些人几乎都被派驻在同一个城市，通常这个城市是他们担任合伙人或主管的公司的总部。他们的投资业绩可能大不相同，这取决于他们的自身能力以及是否经常使用"闲聊法"等因素。可惜的是，部分"专家"仍然倾向于在不同公司的管理层之间来回游走碰运气，看哪家公司愿意主动多告知一点经营信息。然而，所有分析股票的人，不论经验是否丰富，一旦停下奔波的脚步，他们的工作就会停滞。此外，他们必须在没有别人协助和相互验证的情况下，独立完成大部分的专业工作。

与"行业研究"一样，精明的金融行业管理层未来将在"投资研究"中采用团队合作的模式。一种与以往不同的、更加高效的研究体系将会诞生，举例来说，以后不会再有一位派驻在纽约办公室的电子领域专家每年"巡回全国"调研两趟了，取而代之的是，将会在纽约安排一个人，专门负责纽约州、西宾夕法尼亚州及北弗吉尼亚州等地区的调研工作。他的工作将不仅限于获取这个区域内电子行业的资讯，而是会被要求收集该地区所有被纳入研究范围的电子公司的资讯（包括公司的竞争优势和劣势）。同样地，在新英格兰、加利福尼亚州和其他电子行业的中心地区，比如芝加哥 – 密尔沃基 – 明尼阿波利斯地区，也可以安排这样一位专门的负责人。如果这些人都足够专业，那么每个人都会建立起各自的人脉资源网，这样就可以通过已建立的联系迅速收集大量的背景资料并形成自己的观点。没有什么理由将这些人局限于某一个行业中。因为每个人都不需要进行跨区域的联系，这样节省出来的时间就可以使得他们的研究范围覆盖自己区域内更多的行业，超过传统专家覆盖的行业数量。

除了现在可以将耗费数月才能完成的工作在几天内完成这个明显优势外，这个系统还拥有很多优势。它会对客户、竞争对手、供应商的信息进行交叉验证，这远优于当前的"闲聊法"。随着参与投资研究的人数增加，某一个人的偏见导致判断错误的概率也会相应减少。换句话说，这套系统不仅可以更快地得到答案，还可以产生更多的答案，更重要的是，它还能提高答案的正确率。在投资行业，只有正确的答案才会有回报，其他答案则只会降低正确答案所带来的回报。

然而，尽管这种方法理论上有着巨大的潜力，但要想在实践中创造价值却困难重重。在这个领域，真正有能力的人其实并不多，因此可能很难找到足够多优秀的人，建立一个合理的团队。只有不断试错，才能知道所有可能的陷阱。例如，团队中的某位成员可能拥有很高的威望，同事们都很尊敬他，即使大家不是刻意为之，他的观点通常也会占据主导地位。然而，在这套新体系下，他的判断或许会远不如在现有方法下，因为他将不再与他要研究的公司的管理层有个人交情，许多公司可能都不在其区域内。我相信随着时间的推移，这类问题会得到解决，投资行业将发展出今天无法想象的高效技术，为客户提供买进、持有和卖出股票的正确建议。但是，在早期阶段，人们需要学习如何协调合作，所以一开始这套系统的总薪酬成本不仅会远高于现今的方式，而且在起步阶段的效果也可能会令人失望。

在这一点上，投资业务的未来会跟行业研究的现状非常类似。对于公司股东而言，现代研究实验室成本高昂，远超过去少数能力高超的个人研究者进行独立研究的旧方法。此外，仅仅将一群专业背景各不相同的研究专家组织在一起，并不能保证最终的投资成功，它只会带来眼前的巨额开支。但是许多成功公司的历史证明，经过巧妙的引导，成本高昂的现代研究团队可以成为一个源源不断创造利润的引擎，而这可能是过去那些个人研究者做梦也想不到的。这种转变不会一蹴而就，最初，也只是两位或少数几位拥有不同技能和经验的人开始尝试一起工作，然后现代产业研发团队才逐渐发展起来。同样地，投资业从现今一名专家独自跑遍全国调研，转变为在每个主要区域都有人脉与重要信息来源的团队模式，也不会在某个时刻突然发生。一些有能力的人围绕同一问题在不同地方协作（不仅仅是在个人工作完成后比较笔记）将能够比使用现有方法的人更快地得出更多正确的投资答案，随着时间的推移，竞争将使新方式取代目前做出投资决策的方式。

　　投资行业的未来发展，将与航空运输业现在及未来的情况极为相似。在 1962 ～ 1964 年，人们将司空见惯的全货运飞机的购置价格和每小时飞行成本，都比旧款 DC-4 飞机贵得多。然而，新型飞机能够运载更多的货物，由于它们的速度更快，它们每周往返的次数也会更多。因此，新型飞机运输每磅货物的吨英里成本将远低于 DC-4，而这也将使得之前在 DC-4 费率结构下永远不可能的大吨位空运成为可能，并为那些拥有庞大资本和复杂组织来采用新型货机的大型公司，开辟出新的业务增长空间。同样地，使用最新方法为现有客户提供服务的成本是很高的，只有当前该行业的大公司或者数家小公司通力合作，才能有资本参与竞争。不过新业务的效率会快速提升，每位满意客户的成本将会下降到比现今浪费资源、不够精妙的方法更低的水平，就像 1964

年的空运成本与 1958 年相比下降了一样。随着越来越多的人发现，可以很方便地从那些靠谱的投资顾问那里获得投资建议，他们对所推荐公司的内部运营情况有足够了解且很少出错，因此投资者的总数和他们投资股票的金额将出现飞速增长。届时，我不相信仍会有这么多来自全美各地的人不停地告诉我，他们无法获得真正有用的投资建议，也无法得出任何结论。

为了更好地理解为什么今天有许多投资者很难得到合适的投资建议，我们可以观察一下投资行业不合逻辑、大杂烩式的成长历史。如果我们进一步观察这个行业重要细分业务，看一下它们的实际运作与理论预期的巨大不同，就会对此有更好的理解。在进行这一研究时，我们要时刻牢记一些基本概念：

（1）对于每一个打交道的投资机构，几乎所有投资者唯一期望的都是得到正确的投资建议，知道应该买进、持有及卖出哪些股票。

（2）在投资行业中，几乎所有给出此类好建议的人都会发现自己的业务会不断增长。相反，对于那些经常给出错误建议的人，他们的业务则会停滞不前，通常会不断陷入困境，因为他们将不断被迫花费大量精力营销，试图获得新客户，以取代他们持续流失的客户。

（3）提供对投资者有利的建议的一个可靠方式是，掌握推荐买进或持有的股票的所有重要事实。更重要的是，如果这个建议要让投资者受益，那么必须在金融界普遍了解这些事实之前，并且要在这些事实被反映在损益表中之前，掌握这些可能让公司变好或变差的重要变化。

目前，这个负责管理美国股票投资资金的重要行业，大致包含四类主要分支机构，它们被称为投资银行、经纪商、投资信托和投资顾问公司。正如目前看到的，它们之间的界线十分模糊。然而，让我们试着剖析一下，在理论上和实践中，每类机构是否符合这三个投资业绩的基本概念，这对于投资人和投资公司的利益最大化至关重要。

我们先来讨论投资顾问。至少在理论上，这个群体的工作与三个基本概念非常吻合。他们的核心任务，同时也是他们获得报酬的基础，就是以投资者的利益为出发点。他们不像投资银行家那样在所推荐的证券中拥有既得利益，他们也不像依赖佣金的经纪商那样在买进或卖出的交易金额中拥有既得利益。那么为什么还有这么多的投资者似乎很难找到一位令人满意的投资顾问呢？

实际上，以上述三个基本概念来衡量，全国各地都有一些非常称职的投资顾问（有些被称为专业受托人）。不过就像其他职业那样，总有一些人做得不好，主要是因为个人能力欠缺，这些人从一开始就不应该进入这个领域。然而，我认为还有第三类极其重要的群体，他们的工作没有达到应有的水准，即我认为投资者有权期待的水准，这主要是因为他们的工作方法和公司规模。许多投资顾问公司的规模都比较小，如果分析这些公司员工（不包括纯粹的文书人员）的工作时间，将会很受启发。他们每周的时间会花在四种不同类别的工作上：①拜访客户或潜在客户，与他们通话，或分析客户的持仓；②阅读公开的上市公司财务报表、金融期刊，或参加证券分析师组织的正式会议，这类信息不仅被整个金融行业所知，而且大部分都是上市公司提供的利好消息，有关公司的不利信息通常被淡化或者完全忽略；③与公司管理人员就公司事务进行现场或电话交谈；④寻找并与公司外部知情人士会面，交流对投资影响重大的事项。

太多的投资顾问把大量的时间花在第一类工作上，投入到第二类、第三类工作上的时间依次明显减少，最关键的是，花在第四类工作上的时间又少于第三类。然而，30 多年的投资经验让我一次又一次地坚信，只有花在第三类工作上的时间，再加上花在第四类工作上（特别是在调查和收购公司的早期阶段）的大量时间，才能带来令人印象深刻的、超越平均水平的投资回报率。通过将客户持有的股份集中在几家精心挑选的公司，投资顾问可以获得这些公司管理层的青睐和善待，从而持续保持消息灵通。

现在让我们谈谈投资行业最大的机构：股票经纪商和投资银行。我之所以把它们两个放在一起，是因为尽管历史上它们原本是完全不同的实体，但如今极少有投资银行（至少在我们关注的股票投资领域）不涉足股票经纪。有一些经纪商从未从事过投资银行业务，但大部分经纪商都担任过投资银行的角色，或者至少在看到赚钱机会时会参与股票销售业务。

对于不熟悉这些术语的读者，我在此稍微科普一下相关定义。投资银行是投资者所拥有证券的经销商，就像批发或零售面包店出售属于它的面包产品一样。当一家公司希望通过发行新股来筹集资金，或者一个大股东希望把他持有的部分或全部股票一次性卖掉时，投资银行就会向这家公司或大股东支付现金来购买这些股票，然后尝试将股票以批发或零售的方式卖掉。在此过程中如果股价上涨，它们就能获得额外的利润，但如果股价下跌，它们的利润就会减少甚至出现亏损。在这些股票被全部出售之前，投资银行也像其他商人一样，面临着存货价值波动的风险。

与之不同，股票经纪商纯粹是买卖双方的代理人。他会收到买入或卖出的交易订单指令，在上市股票交易所或者其他证券的"场外"市场，根据其他卖家或买家的报价，以他能获得的最佳价格来撮合交易。由于他纯粹只是一个代理人，因此他既不需要负担投资银行业务的资金成本，也没有存货风险。至少理论上，他不需要雇用销售人员来推销这些库存证券。因此，股票经纪商的佣金相对于交易的总价值来说占比很小。例如，以50美元卖出100股股票，纽约证券交易所的佣金是44美元，不到交易金额的0.9%。相比之下，对于一只上市股票，投资银行可以合理收取2.5 ～ 3倍的费用，来作为处理这一批股票的"价差"。对于一家首发上市的公司，它们的收费可能会高达发行额的5% ～ 15%。当然，对于首发上市的股票，这些费用必须要覆盖因在证券交易委员会（SEC）注册而产生的各种昂贵法律费用，并能够补偿发行人因首次发行股票无法获得预期价格的风险。

理论上，我已经指出了相对于投资顾问，投资者在与投资银行或股票经纪商打交道时的缺点。投资银行是试图销售自己商品的商人，所以不太可能像买家自己的代理人那样，给出公正或良好的建议。股票经纪人主要靠交易赚钱，即买进和卖出股票，因此他一直承受着买卖股票的压力，而成功投资的核心在于长期持有具有价值增长潜力的股票，即使不是终生持有，也至少应该持有很多年。股东以小额利润卖掉一只优质股票，而不是持有25年并获得比如说30倍的收益，其损失的金钱将比所有其他愚蠢投资行为导致的损失加在一起还要多。出于这样的原因，至少在理论上，那些寻求建议、帮助或管理服务的投资者，似乎应该远离投资银行、股票经纪商，或者同时提供这两种服务的公司。

但实际情况并非总是如此，因为许多这样的金融公司，尤其是那些较大型的金融公司，有一些可以抵消这些问题的优势。很多大公司都会和某一家投资银行关系密切，就像这些公司也会有关系密切的商业银行一样。换言之，当它们需要更多资本时，它们会找某家特定的投资银行来为它们出售证券并筹集资金，就像当它们需要临时补充流动性时，它们不会随便找一家银行贷款，而是会去找与它们关系密切、了解它们业务的特定银行一样。由于许多大公司都和某一家投资银行有着长久而密切的关系，因此许多大型投资银行会对一批公司有详细的了解。它们常常在董事会中占有一席之地，这种联系可以产生真正有价值的投资建议。类似的是，即使不考虑其作为投资银行的角色，许多大型股票经纪商也都掌管着许多公司客户或者高净值公司合伙人的资金，因此它们也可能拥有类似的内部信息。许多股票经纪商还操纵着公司合伙人或高管。

与此同时，投资银行兜售自家证券或经纪商为了赚取佣金而推荐客户进行不必要的交易，所引发的既得利益影响，在不同的金融机构之间可能存在巨大差异，在同一家公司的不同人之间差别更大。在金融行业中，很多从业人员没有忽视我们所讨论的三个基本概念。如果他们向那些寻求帮助的投资者持续提供优质的建议，他们的业务就会不断增长。这些人和他们目光短浅的同事一样渴望提高自己的收入，但是会更看重特定举动是否真正符合客户的利益，而不是考虑短期的佣金收入。他们这样做不是因为对赚钱不感兴趣，而是因为他们有足够长远的眼光，知道要想成功就必须为他们的客户提供好的建议。他们很清楚，只有时间才能成为他们工作成果的记分牌，而这在很大程度上决定了几年后的业务体量。

以上这些讨论意味着，从投资者的角度来看，在当今条件下，判别投资中间人是否值得信赖，并不主要取决于他就职的公司是投资顾问公司、股票经纪商还是投资银行。实际上，这些原本不同的业务现在已经混在了一起，以至于那些最大的金融机构如今都在同时经营这三类业务。由于一些拥有主要交易所会员资格的投资银行，通过有价值的渠道从这些传统交易活动中获取重要的投资信息，并通过建立一定规模的分析师团队来获取更多数据以丰富基本投资数据来源，因此它们在做其他业务的同时也开展投资咨询服务。

这样的发展是完全合乎逻辑的，而且我相信，它指明了金融业的未来发展方向。股票经纪人的业务在过去的三四十年间发生了巨大的变化。在第一次世界大战之前，富人购买股票大多是为了投机，即大量出售给其他人以快速获利。在那个年代，经纪人仅仅是接受订单的中介。他所提供的咨询服务主要是传递小道消息和琐碎的内部信息，这些信息可能听起来非常精彩，并能让受影响的股票价格发生大幅波动。提供股票的全面信息并与管理层密切联系，这些虽然是寻找长期上涨股票并获得丰厚回报的必要工作，却不符合那个时代经纪人的职能以及大多数客户的诉求。在那个年代，完成订单的速度、保密性以及执行的灵活性才是满足客户需求的关键。

如今，普通客户某种程度上都是长线投资者。他们持股的比例一般会达到1/500，而不是无关紧要的0.1%。他们丝毫不关心经纪人是否能够比别人快30秒或慢30秒把订单送达交易所。他们需要的是一个对他们所持有的股票有充分了解的人，这样他们就能够得到可靠的建议，包括买什么、持有多长时间、何时卖出。对于越来越多倾向于长期投资而不是短期投资的人来说，投资顾问的职责就是回答这些问题。这也是为什么那么多股票经纪人有意无意地发现他们的业务性质发生了变化，并在一定程度上开始扮演投资顾问角色。有些人为此收取额外费用，而另一些人则不收取。无论哪种情况，他们都意识到一些基本的事情，那就是在如今的条件下，大多数投资者想要的是合格的投资咨询服务，而能够获得业务的人则是能够把这项服务做到最好的人，不论他的身份是什么，哪怕他是一个推销自己公司库存股票的销售员。这项服务最重要的就是挑选出优秀的股票，并且持续跟踪，对它们的情况胸有成竹。

目前为止，那些找不到满意投资顾问的读者（我被反复提醒，这样的人很多）可能会同意我所说的一切，但也会感到有些沮丧。你可能会觉得，这有助于了解金融业的发展趋势，以及判断多长时间才能解决这些问题。但是你真正感兴趣的是，现在你的问题应该怎么解决。你可能会说："前面这些内容告诉我，不论一位金融人士自称是投资顾问、股票经纪人还是投资银行家，都与我是否应该听取他的投资建议无关。我想要知道的并不是哪些东西不重要，而是哪些东西重要。其他那些无意义的东西对我有什么帮助呢？"

选出合适投资顾问的 5 个步骤

为了回答这个问题，我将阐述五个具体步骤，来帮助投资者找到合理的投资建议。然而，首先我会故意"绕个弯"，我相信你很快就会明白这样做的原因。例如，通过解释选择优秀股票的投资方法的三个历史发展阶段，以及未来将出现的第四个阶段，我会试着提供一个历史背景，它能让投资者更好地理解该如何自主采取其中的一些步骤来选择投资顾问。

投资者要想在投资业务中找到可以真正信赖的人，可以采取的五个具体步骤如下。

第1步：把所有你视为投资建议来源的金融人士分成两类。第一类是那些从根本上更关心某笔交易如何影响你的长期利益，而不是他们自己如何从交易中赚取佣金或利润的人。第二类则是那些提供建议的动机就是赚取当下这笔佣金的人。任何不属于前一类的人都应立即剔除。那么投资者应该如何分辨呢？那些擅长洞察人性的人，很可能从简短的对话以及建议某笔交易的逻辑中，做出清晰的判断。除此之外，还可以去问一下这位金融人士的老客户，包括那些在生活或投资中与他打过交道的人。

第2步：向投资顾问候选人询问他的基本投资理念，也就是他将如何为你提供服务，以及他打算如何做到这些。排除那些长期目标与你不同的人。由于我撰写的《怎样选择成长股》本质上不过是我自己投资哲学的一个总结，我相信这也是大多数（虽然不一定是所有）股票投资者最值得拥有的投资方式，但在这里没有必要赘述。我需要再次强调我在那本书中说的话：虽然我相信这是从股票中获利的最理想方式，但这并不是走向成功的唯一方式。重要的不是你选择的投资顾问同意我的长远目标以及实现这些目标的方法，而是他有自己明确的目标和方法，最重要的是，这些目标和方法与你的一致。

　　第 3 步：详细询问你正在考虑的顾问或他所在的机构，如何获取作为投资建议基础的数据。弄清楚他们打算如何跟踪那些他们推荐的公司，不仅是现在，还包括买进股票后，以及持有股票期间。观察他或他的同事是否仔细地分析公司的管理因素，而不是主要依赖于整个金融行业都能看到的公开财务报表（这些报表是结果，而不是原因）。请记住，赚大钱或者避免大损失的决定性因素是，在公司的重要事项被整个金融圈熟知之前了解到它。永远不要忘记，一个聪明但缺乏信息的投资人士，其投资业绩将远逊于一个普通但非常称职的投资人士，只因后者掌握大多数人不知情的公司重要信息，而这就是信息来源如此重要的原因。这也是使用我说的"闲聊法"如此重要的原因，除非投资人士与公司管理层的关系异常亲密（这种关系通常只有在多年紧密联系后才会形成），并借此对公司的有利和不利发展有全面均衡的了解。否则，即使投资人士能够从管理层那边获取到很多准确的信息，他还是无法确定是否有其他对立的消息。所以，一位非常成功的投资者最近告诉我，他拒绝让一些所谓的"证券分析师"打电话给他，他说："这些人只是从一家公司跑到另一家公司，并把一些他们不熟的管理层给他们透露的信息转述给我，我发现这种片面的信息可能相当危险。"

　　在验证一位候选投资顾问的信息时，千万不要把数量和质量混为一谈。我想起了大约一年前发生在我自己办公室的一件相当有趣的事。一位来自其他地区的大型股票经纪公司的代表打电话给我，他告诉我，他的公司雇用了许多证券分析师，并且撰写了大量非常有价值的研究报告。我向他保证，如果他们向我提供任何有用的线索，他们在经纪业务方面一定会得到回报。他提议给我一些分析师的报告，其中有一份是有关一家我拥有详尽信息的公司，我选择了这份报告和另外几份由所谓专家撰写的报告。有关我熟悉公司的这份报告索然无味，它提供的信息，是那些偶尔打电话给管理层，以及对公司有粗浅认识的人都知道的。然后，我又看了另一份报告，里面的公司我并不熟悉，于是我请教了一位在那家公司任职的朋友，问他对这份报告有何看法。他把报告拿给公司的几位高管看了一下，大家一致认为，这份报告的信息是外部人士只对公司进行随便研究就能获取的，根本没有深入分析的内容。我决定不要跟做这种肤浅研究工作的投资人士有什么瓜葛，虽然这会显得很不礼貌，但为了节约大家的时间，我还是决定在下一次电话中把我的想法告诉对方。然而，我确实不想伤害一个十分真诚的人，所以当这个人来电回访的时候，我内心有些忐忑。在尽可能委婉地表达了我的想法之后，我惊讶地发现他竟然笑得合不拢嘴。他告诉我，他对他所在的公司也有相同的看法，并且认为和那些人一起工作没有前途，所以他已经辞职了。他这次打电话给我不是为了做生意，而是向我询问一家他正在考虑加入的优秀投资公司的情况！

简而言之，当与一位候选投资顾问交谈时，要关注他的工作质量，而不是数量。你可能对任何一家公司都不太了解，无法自行判断他提供给你的分析报告的质量，但你可能（像我一样）在某家公司里有担任重要职位的朋友，他们可以帮你做这件事。

第 4 步：如果你已经持有一些股票，看看候选投资顾问对应该出售还是持有这些股票是否与你有同样的看法。没有人能够掌握无穷无尽的真实背景信息，从而使他可以成为在交易所或柜台市场交易的所有股票的专家。因此，当一名诚实的投资顾问面对一份之前并不是按照他的建议购买的股票清单时，他常常会觉得很棘手。他可以让新客户继续持有这些声誉良好，但是自己不是特别了解的股票。但另一方面，他也可以坦率地告诉客户，他只能对自己真正了解的投资负责，并让客户自行决定是否要将他们俩都不了解的股票（尽管这可能是一项出色的投资）换成一些不一定更好，但投资顾问可以进行理性观察的股票。通常，能告知客户自己不熟悉领域的投资顾问，才是对某些方面有透彻了解的人。假装什么投资领域都懂的人可能是相当危险的人。同样，永远不要指望一名投资顾问有能力对所有股票发表投资观点。如果你知道给出购买一家公司股票的建议需要了解多少背景信息，就不难理解其中原因了。

第 5 步：尽你所能地了解候选投资顾问的投资业绩，剔除那些在考察期内表现弱于整体市场的候选人。在这方面，请记住，一些最成功的股票投资顾问可能需要数年时间才能在市场上证明自己。因此，尽可能忽略任何少于 3 年的业绩记录。此外，除非你非常了解对方，否则不要让候选投资顾问为你提供业绩参考，因为他为某些客户提供的服务质量必然会超过其他一些客户，而他一定会选出业绩最好的客户业绩供你参考。然而，如果你能找到他服务过多年的客户，他们的反馈会非常有价值。接下来，如果调查下来发现业绩不佳，但你对这个人和他背后的团队印象深刻，那就再深入了解一下。有时，投资顾问的一位客户业绩不佳，主要是因为这位客户只是部分而不是完全听从他的建议。一些投资者会因无法抗拒小额利润而做出愚蠢的金融操作，他们不听劝告，为了几个百分点的收益，就在一笔出色的投资上涨三倍或四倍前早早全部出售。因此，他们没有可用来弥补偶尔亏损的大额收益，这是任何投资顾问都难以避免的。在客户不听建议的情况下，将投资表现归咎于投资顾问，当然是很荒谬的。

投资顾问的业绩表现更重要，还是他所在机构的业绩表现更重要？这要看具体情况。一些投资公司对员工可以推荐的股票有着严格的限制。我相信随着时间的推移，会有越来越多的公司遵循这项政策。相比之下，其他公司则会想办法让员工接触到各类信息，但让每个人自己决定如何使用这些信息。对于前一种情况，重要的就是公司的业绩表现，而对于后一种情况，重要的则是个人的业绩表现。在大多数情况下，如果你直接询问，我相信你会被坦率地告知他们遵循哪一种政策。

虽然我把"检查业绩记录"列为选择投资顾问的第5步，也是最后一步，但我或许应该把它列为第1步。我没有这样做，是因为我想特别强调立即排除那些只关心从你那里赚取佣金，而不

关心你能否从他的建议中获益的短视者。然而，如果你选择一位
称职投资顾问的第 1 步，是从朋友那里了解哪个人或哪家公司为
他们提供了长期良好服务，这也完全合乎逻辑。那些在这种调查
中表现出众的人，将是值得进一步考虑的合理候选人。在这种情
况下，我列出的第 5 步或许应该被当作第 1 步。

　　对于那些不知道从哪里寻求投资帮助的人，我建议的步骤可
能会引发更严重的指责。尽管会有许多领先的投资顾问公司、股
票经纪商和投资银行可以出色地通过这些筛选。然而，我建议你
关注的这些事情，会给大型投资顾问公司、股票经纪商和投资银
行带来明显的优势，它们更有可能拥有对投资者最具价值的员
工、董事会关键席位和投资信息渠道。在投资行业中，难道人数
较少的当地小公司就不能拥有一席之地了吗？

　　面对这样的指责，我个人是十分在意的，因为我强烈认同
保护中小企业不受大企业压迫对我们国家的重要性，只要这样做
不会导致社会和经济成本高得令人望而却步。我自己也努力在实
践中遵循这一政策，而不是仅限于喊口号。举例来说，我习惯特
意绕路去小型独立商店那里购物，而不是以同样的价格从一些大
型连锁店或百货集团购买相同的商品。因为这些小商店不仅了解
我的个人偏好，还能随时提供我需要的服务。另一方面，在其他
领域，这个事情就另当别论了。许多年前，我为了支付一小部分
大学学费，在业余时间批发商品给许多小型独立杂货店。在经济
贫困地区，一些商品价格昂贵、卫生状况不佳的食品杂货店被干

净、实惠的连锁店取代，这并非一件坏事。我认为，小企业是否有资格在大企业面前生存下去，应该具体情况具体分析。

就股票经纪商、投资顾问而言，我认为最重要或最基本的考虑因素显然是：怎样的体系能为投资者带来最大的回报和最小的损失？当个人资产由于投资顾问不称职或缺乏投资知识而遭遇损失，甚至化为乌有时，其造成的社会灾难和个人问题是十分严重的，以至于任何其他基本标准都是不可想象的。当今社会，如果组织得当，较大的投资公司可能会有一些竞争优势，因为它可以聘请更多的专家对投资进行调查和跟踪，与公司高层有更多的联系等。然而，在我看来，投资业中不同机构的专业水平和效率差异巨大，而大公司目前的优势又是如此之小，以至于在今天，许多小型股票经纪商和投资顾问公司仍然可以比它们的一些大型竞争对手做得更好。

当评估股票的技术发展到下一个阶段，即分析成本大幅增加、效率大幅提高时，管理良好的大公司的优势当然就会大幅提升。投资行业也会像其他行业一样，在各个阶段都出现大量的合并和收购，这是经济活动的必然。然而，即便如此，也没有理由认为小型投资公司注定就会失败，只要它能在挑选其他地区合作伙伴时具备独创性和良好的判断力。到那时，就像今天一样，没有什么能阻止这些小公司选择其他区域的大公司，与之建立用户关系或其他合作关系。没有什么能阻止不同地区的一些小型独立金融公司相互合作，为客户提供各种良好的投资服务。对于选股而言，两个日后被证明极其出色的投资建议，远比十个较好的建议更具吸引力，这也是制约大型投资机构所拥有优势的另一个因素。

进入 20 世纪 60 年代，会遇到麻烦的不是小型投资公司，而是那些因为员工"太忙"而没有时间充分调查其所推荐股票的公司。很多时候，你会听到这样的说法："除了询问公司某位管理层外，我们没有时间进一步对公司进行调查。"在 20 世纪 50 年代的牛市中，这种做法通常能"蒙混过关"。但是，这轮牛市的上涨幅度太大了，以至于在 20 世纪 60 年代如果想要取得同样令人满意的投资结果，需要更多的努力和技巧。如果投资顾问公司或投资银行因为"太忙"而无法完成必要的工作来服务投资者，那么在 20 世纪 60 年代的投资氛围中，它们会发现自己就像年复一年地种植相同作物，却因为"太忙"无法给田地施肥的农民。

也许你已经注意到了这些观点中似乎遗漏了什么。我前面提到投资服务业可以分为四个门类，它们都在试图满足投资者的需求。到目前为止，我已经讨论了投资顾问、股票经纪人和投资银行家，但我还没有提到 20 世纪 50 年代增长最快的组织，那就是投资信托。

我故意将它留到最后讨论，是因为它在投资行业中的地位，与其说取决于它自己的表现，不如说取决于其他三类机构能在多大程度上提高自己的服务业绩，来满足投资者的需求。正如我在本书的另一章中指出的那样，大多数信托公司都非常强调分散化，它们对平均收益有着巨大的执念。正如 20 世纪 50 年代，许多投资者对其他渠道的投资效果感到沮丧，所以这种分散化且似乎安全性更高的投资建议就产生了巨大的吸引力。如果在 20 世纪 60 年代，许多股票投资者仍然不确定到哪里可以找到对所推荐股票了如指掌的顾问，那么产生"接近平均水平"业绩的投资信托将继续产生极大的吸引力。另一方面，如果投资行业的其他机构研发出了新技术，提高了投资服务品质，那么这种只能提供平均收益的分散化投资的吸引力将大大降低。简而言之，我认为信托基金的大幅增长，在一定程度上表明，许多投资者对于自己能够在其他地方找到优质的投资服务缺乏信心。如果这种想法发生了变化，投资信托的一大部分市场可能就会消失。

然而，我认为投资信托在过去十年大幅增长，还有另一个原因，增长的部分主要来自公募基金。这些公募基金通常会向购买者收取足够高的申购和赎回费用，以确保能够向销售人员支付高额的佣金，从而使他们有动力对小客户进行营销。投资信托人员通过向普通民众推销股票而获利，在这方面，他们的推销工作可谓非常成功。借鉴寿险行业辉煌的成功历史，投资信托销售人员瞄准了那些以往不是主要股票买家的客户群体。像之前的寿险销售人员一样，他们通过这种方式获得了大量的业务。

投资行业的其他三类机构却难以利用这种销售模式。投资银行（或者场外证券交易商，其凭借"买进"和"卖出"之间的价差赚取更多的销售佣金）的销售人员最有可能这样做，但是投行的业务并不适用于每笔数千美元以下的交易，而且它们通常也不向客户提供定期定额购买的机制。相比之下，股票经纪人通过纽约证券交易所的每月定投机制，确实为小额投资者提供了一种每个月用储蓄购买股票的手段。然而，正如前面所讨论的那样，股票经纪人的佣金只占投资金额的一小部分，这种规模的佣金不足以让股票经纪人像投资信托的销售人员那样花费精力去向小额投资者推销股票。大多数投资顾问每年收取的费用仅为他们所负责账户金额的 0.5% 左右，他们中的许多人认为，一个账户的资产至少要达到 10 万美元，才能让他们的付出得到回报，因此，他们也没有大力开发这个大众市场。

为什么佣金和顾问费如此之低？我认为，这主要是因为很多顾问的业绩太差了，以至于普通投资者不愿支付更高的价格。虽然我自己不是典型的例子，因为我不为公众服务，但我发现，一旦投资者确信他能从金融人士的服务中有所收获，他们就会毫不犹豫地支付更高的费用。为什么会这样？如果在很长一段时间里，一个人或一家机构的业绩一直比市场平均水平高 50%、100% 或 150%，那么投资者怎么会拒绝支付比如今的顾问费或佣金高几倍，但仍只占投资回报很小一部分的费用呢？

如果我的预测准确，随着时间的推移，金融机构将花费更多的资金来获取股票基本信息，以妥善处理投资者的股票持仓，但工作的质量将有明显改善，为此收费大幅提升也是完全合理的。我相信，最近一些主要投资银行和股票经纪商，在其常规佣金的基础上额外收取投资顾问费的做法，会变得越来越广泛。如果服务质量足够好，能够配得上收费，那么我相信这一趋势对相关各方都将非常有利。随着这一趋势的发展，未来费用将会上涨到一定程度，让销售人员有足够的动力向小额投资者推销他们的服务。如果发生这种情况，公众真正相信投资服务的价值（除非服务本身物有所值，否则这种情况不可能长久维持），那么投资信托将在如今其最有竞争力的领域迎来强大的竞争对手。它还可能为整个证券业务带来巨大的规模增长，这样一来，股票的总体需求也会增加。

对于那些可能再次觉得我花了太多的篇幅来讨论未来会发生什么，而只关心现在的投资者，我想指出从中他可以获得一点启示，那就是只要 5 年左右，两只股票的走势表现就会有天壤之别，如果投资者确信得到了有效的指导，那么为此支付的费用是多是少就变得没有那么重要了。证明这只是一个简单的算术问题。但是，投资者如何才能合理地评估服务质量呢？为了帮助大家解决这个问题，我已经提出了选择合适投资顾问的 5 个步骤。除此之外，我只能说，在当今这个专业化的世界中，成功甚至只是能否维持生存的关键衡量标准，就是能否在我们不擅长的领域，挑选出一名合适的专家。我们要让心爱的人活下去，没有什么比选择合适的医生更重要了。对于那些不了解医学的人，要如何选择合适的医生？或者类似地，要如何选择合适的律师、合适的建筑师、合适的水电工？我担心有些人在做出这些关键决定时并不是那么谨慎和精明。有些人总是会就近找个所谓的专家，然后过了一段时间就会抱怨为什么自己总是没有邻居那么"幸运"。

我经常听到这样的说法，因此我也清楚有些人对这些想法的反应。当然，你也许会说："我愿意为一流的投资服务支付更高的费用。我可以预料到这会给我带来什么样的回报，但是我没有时间去调查很多潜在的投资专家，并挑出合适的人选。"

实际上，在当今的投资界（几年后的情况可能会大不相同），支付更高的佣金，甚至是投资顾问费用，并不能保证获得更高质量的服务。根据我的观察，我猜想，在许多情况下，收费的高低与长期平均投资业绩之间几乎没有相关性。

然而，对于那些现在还没有找到合适投资顾问，而又声称没有时间去仔细寻找合适人选的人，请允许我说一句：在这个世界上，如果我们相信某些事情对我们非常重要，那么我们不会没有时间去做这件事。如果你怀疑这件事的重要性，可以进行以下简单的测试，将一份按字母顺序排列的纽约证券交易所上市股票清单放在自己面前，最简单的方式是翻阅各大都市报纸的最新股票报价版面，然后准备一支铅笔。接下来，就像孩子们玩"给驴子安尾巴"游戏一样，闭上眼睛，用铅笔指向纸上的任意一点，让这个选择是完全随机的。然后，剔除所有优先股，从那个点向下按字母顺序取出 20 只股票。在考虑股票分红、分拆等因素之后（如果你觉得自己计算太麻烦的话，大多数股票经纪人愿意帮你完成），观察这 20 只股票 5 年前的价格和今天的价格，你会发现十分惊人的变化。一些股票的价格只有 5 年前的一半左右，大部分则会比 5 年前上涨或下跌 20%～40%，但是也有一些可能上涨了 2 倍或 4 倍，甚至可能有一两只股票大涨了 10 倍以上！最近，关于股票走势的惊人差异也有一些其他描述，有人指出 1959 年道琼斯指数的平均点位大约是 1946 年的 3 倍，但 1946 年纽约证券交易所上市的所有股票里，却有约 1/3 公司的股价在 1959 年低于 1946 年。

　　简而言之，你所买入并持有的股票，在 5～10 年内上涨或下跌的幅度可能远超整个市场。在这种情况下，如果一个人既不愿花时间妥善管理自己的持仓，也不愿花时间找一个能帮助自己妥善管理持仓的人，他还应该持有股票吗？如果投资者因"太忙"而没有时间学习投资和投资行业的基本原理，但考虑到这对投资成功的重要性，应该如何评估时间的价值呢？假如你运气不好，还没找到合适顾问的话，就应该使用本章的方法帮自己找到合适的人。几年后，获得出色的投资建议可能会比今天更容易，但这并不能成为你不去充分利用现有资源的借口。

第 4 章

不容小觑的细枝末节

归根结底，即使是最成功的股票投资，基本上也只包含三个因素：①挑选一只或几只未来能够大幅跑赢市场的股票；②知道应该何时买进；③如果要卖出的话，知道应该何时卖出。然而，想要做到这三点，需要我们对所投公司的大量背景信息了如指掌，此外还需要了解一些其他信息，在本书另一节，我称之为投资界对考虑买进的某一类股票的短暂投资心态。成功的投资者或他的投资顾问如果没有学会应该寻找什么资料，并花费大量时间去寻找它们的话，就不会获得这些至关重要的背景知识。

但这似乎还不够，投资者经常还要面对一些其他要考虑的事情，这些事情对投资的意义要小得多，我认为花费太多时间思考这些事是有害而无益的，因为这会让人分心，并使得投资者无法在更重要的投资因素上投入足够多的时间和精力。其中有一些事情，让许多投资者都充满了困惑。在本章我将试着讨论几个投资意义不尽相同的此类事项，它们让很多人都感到困惑，其中最重要的一项，就是企业并购对于投资的意义。

并购好不好

我不厌其烦地强调，投资者要想在几年内获得巨额回报，最好只投资于那些有明显迹象表明其利润增速将远超美国公司整体增速的公司。已经有人指出，公司销售收入的稳定增长是实现这一目标的基本前提。但这并不是唯一的前提，因为销售收入增长如果不能带来每股利润（EPS）的相应增长，那么对投资者就毫无意义。如果销售收入没有大幅上升的趋势，股东只会偶尔享受到管理层设法显著提高经营效率，促使利润一次性大增带来的短期收益。以这种方式产生的收益，在短短几年内就将达到极限。因此，如果投资者要通过每股利润数十年持续上升来获利，销售收入必须同步增长。出于这个原因，强劲且持续的销售收入增长通常被视为一项投资异常有吸引力的第一条线索。

没有什么比收购一个或多个经营实体，能够更快速或更引人注目地实现公司营收的增长了。除此之外，这类收购往往向市场发送这样的信号——这些成长型公司合并后，能够减少各自的运营成本（从而提升利润率）。一种实现这种收购的方式（尽管概率不是很大），是由收购方的高管层在无须承担额外责任的情况下，去管理被收购公司的业务，这样就会降低所有相关方的管理成本，并能够提升利润率。另一个在理论上看起来不错，但在现实中很少出现的降本措施是，通过合并生产设施来降低制造成本。更常见的情况是，降本增效来自销售和分销成本的节约。通常，小公司会发现，仅仅为了一条小产品线，就维持一支足以覆盖其潜在市场的销售队伍，会带来沉重的负担。如果一家更大的公司已经向同样的客户销售了许多产品，那么它几乎能在不增加额外成本的情况下利用相同的渠道向这些客户推销其他产品。当然，如果大公司面对的是不同客户群，那么这种预期的成本节约就不太可能实现了。

　　并购创造巨大价值的另一种方式，并不是体现在管理费用、生产成本或销售费用方面直接的成本节约，相反，它高效的管理层接管了一家迄今为止经营不善的公司后，整体运营效率的提升。在几年的时间里，收购方通常能够找到足够多的途径来提高被收购公司的利润率，从而使其累积的总利润高到足以使原始投资获得丰厚回报的程度。有时，被收购公司的销售额也能显著增长。在一些最有价值的并购案例中，收购方的研发或工程部门甚至在并购之前，就已经找到方法来彻底改造被收购方的一种或多种主要产品，从而大幅拓宽其原有市场。

　　有时，重大的成本削减纯粹来自财务方面。一家大型公司的信用评级，足以使它轻而易举地以4%的利率贷款，而它要收购的那家根基并不稳固、信用评级较低的公司，就不得不支付6%的利率。企业并购能够使规模较小的被收购方的再融资成本降低1.5%。

　　既然收购和兼并拥有这么多优势，那么为何并购热度并没有超过前几年呢？难道那些最能干的管理层不应该花大量时间来寻找并购机会吗？难道投资者不应该急切地寻找那些通过并购实现持续增长的公司吗？

　　或许用橄榄球赛做个对比，是理解上述问题的最佳视角。在橄榄球赛中，可以通过空中的长传获得优势，如果长传成功则能够让球队比地面传球更快地赢得更多的码数。但若球队主要依赖长传而不是持球前进，万一长传被拦截，则损失大量码数的风险就会高出许多。

　　并购与长传进攻在这点上是完全一样的。如果能够成功执行，并购就能使企业以远超平均水平的速度发展，并取得巨大成功。但并购蕴含着相当大的内在风险，可能会使利润不增反减。更重要的是，它们可能会削弱一家公司的发展潜力，以至于其在未来几年被证明是缺乏而不是更具吸引力的长期投资。

　　当然，有一个抑制并购风险的因素，而这在长传的例子中是不存在的。任何长传一旦被截断，都可能意味着球队的重大挫折，但相比之下，如果一家公司只是偶尔收购另一家规模比自己小得多的公司，即使收购结果被证明令人失望，其带来的损失也不至于严重削弱这家大公司的投资吸引力。当然，从另一个层面来说，这种规模相对较小的收购即使成功，其对大型收购方的贡献也比较微小。

　　为什么并购的风险如此之高？在几乎所有案例中，经营业务多年的卖方都比买方更了解自己的优劣势。正如一位才华横溢的公司总裁，在谈到自家公司进行的重大收购时，曾经告诉我的那样："只有在你和那个女孩结婚后，你才会发现假牙和木腿。"他说的假牙和木腿，指的是比收购方预期糟得多的厂房设施，以及收购方对被收购方基层行政人员在士气和能力方面的情况几乎一无所知。收购方最终凭借不同寻常的能力克服了这些困难，在比当初预期多花费了几年时间和数百万美元之后，并购最终为股东实现了预期中的巨大长期收益。然而，对于大部分并购而言还存在一个很难回答的问题。如果在并购后的几年里，这些能力卓越的管理者将其才能用在其他事务，而不是解决那些比预期糟糕的问题上，股东的收益会不会更高？我不知道这个问题的答案，但我确实知道，如果管理层不是那么足智多谋、意志坚定的话，就能够仅仅因为这次并购，将一项原本（现在仍是）极佳的长线投资机会变得毫无吸引力。

然而，某些并购的风险更大，原因之一是，并购常常引发人员冲突。当两家规模相当的公司进行合并时，两家公司的高管层可能会激烈争夺各个高级职位，如总裁、销售副总裁或研发总监等，然而两家公司中最终只能有一个人填补空缺。这将很容易引发人员"内斗"，无法形成一个团结协作的团队，而效率会在这种环境中消失得无影无踪。这种事情能够毁掉最出色公司的投资价值。

即使某一家公司在并购中明显处于主导地位，人事问题也会使被收购方对收购方的价值变得远不如预期那样高，除非这个问题能够被格外谨慎地处理。那些对被收购方价值贡献最大的高管层，已通过多年的共事与CEO建立起了和谐的关系，但现在几乎一夜之间，公司的主导权被移交给了他们完全不认识的人，而这个人可能位于数百英里之外，而不是在办公室的尽头，这时紧张和不安必然会出现。如果不能将这个问题处理得当，企业可能将失去这些极其宝贵的人才，而替换他们的代价可能非常高昂。但即使这个问题处理得当，并购初期必然出现的高管层不安也将导致效率降低。

由于必然会出现人事问题，因此公司间的重大并购往往可以与个人手术相提并论。如果一切顺利，患者在手术后一段时间，身体状况将会大为好转，但如果康复过程不顺利，则患者病情可能雪上加霜。无论能否实现预期的长期收益，在事情发生后的短时间里，重大并购就像大手术一样，将使经历变动（手术）的公司（人）暂时更弱而不是更强。如果企业并购让原本稳定的管理团队变成了一个滋生内部摩擦的温床，它可能会使得并购后的新公司永远不如以前。

每起并购都有些许不同，就并购成功之后的收益差异而言，的确如此。如果并购被证明令人失望，那么对于投资者要承担的风险大小而言，也是如此。有没有一些通用的规则，可以作为投资者的指南，来评判这类影响其未来投资的事项？我相信是有的，它们可以总结为以下几项：

（1）并购给投资者带来 3 种主要风险，无论是考虑并购的管理层，还是正在考虑此类事项影响的公司股东，都应该时刻牢记这些可能的风险：①在合并后的公司中，对于高层职位（如财务总监、销售副总裁、研发总监等）的争夺将十分引人关注，并波及大部分骨干员工，以致原本密切协作的团队，沦为内斗和摩擦的温床；②高管层将被卷入许多原本不熟悉的事务，使得他们难以像以前一样高效地工作；③由于卖方几乎总是比买方更了解自己的业务，因此被收购的公司，其瑕疵必然会远多于收购价格所允许的程度。

（2）有助于公司整合产业链上游的并购，很少给股东造成重大风险。这类并购能够使公司以更有优势的方式，获得一些原材料、零部件或其他供应品。这种优势可能是因为公司所需的这些供应品，会变得更加便宜，低于以前向其他厂商采购的价格，也可能是因为这些供应品如果由使用方公司自己内部生产，在制造上就会更精细，以便更好地满足公司的质量标准。然而，无论如何，这类合并的好处，都是可以被事先准确估计到的。更重要的是，这种性质的并购，通常不会开启规则1中提到的三种风险的"潘多拉魔盒"。由于被收购方人员都能在并购后的组织中找到自己的一席之地，既不与收购方的大部分职能冲突，也不会因收购方人员面临职位丢失风险，因此极少出现内部的权力纷争。此外，收购方高管层可能非常了解该领域，因此他们不大可能会卷入太多自己无法处理的新问题中。同样，由于高管层非常了解该业务，因此其收购价格也不大可能会被过度高估。不过另一方面，尽管这类收购对收购方确实物有所值，但对其股东而言却很少会产生重大影响，无论从哪个方面来看，通常都意义有限。

（3）从股东的角度看，整合产业链下游的并购，即为收购方提供专属客户渠道的并购，可以根据规则2所提出的，评估整合上游公司的同一套标准来判断。但有一个情况例外，这个例外情况是管理层做出错误的决定，收购了一家与自己的其他客户存在竞争的公司，并且未能挽回由客户转为竞争对手所造成的销售损失，这样的并购可能代价高昂。不过，平心而论，这并不总是仅仅因为并购或收购。有时，一家公司的现有部门也会开辟出新产品线，与其客户竞争，不过其结果几乎都很不理想。

（4）当一家规模较大的公司收购另一家规模相对较小的公司时，大公司股东所面临的风险通常是很小的。即使新收购的小型公司变得毫无价值，大公司受到的冲击也不至于影响其投资价值。另一方面，即使这项小型收购的结果非常令人满意，通常也会由于规模太小，而无法造成重大影响。然而，偶尔也会有例外，例如被收购的小公司拥有一条新的产品线，并且该产品线可以发展成为这家大公司的一个重要的新品类，或者小公司拥有一两名杰出人士，可以为收购方的管理层做出重大贡献。在所有的并购中，这类并购不仅是风险最低的，也是最有利可图的。

（5）基于规则 1 列举的风险，两家业务相近、多年来熟悉彼此业务、完全了解彼此问题的公司合并时，最有可能取得成功。相反，两家业务大相径庭、此前彼此并不熟悉的公司快速完成合并时，就很有可能招致代价高昂的并购失败。

（6）最成功的收购记录通常并不是出自那些一直寻找收购机会的公司，而是往往出自那些偶尔进行收购的公司，它们只在所有可衡量因素都具有明显优势、并购双方业务密切相关时才进行收购。这些公司偶尔的收购对于股东来说通常是一笔好交易，因为收购方"只做顺其自然的事情"，而不会一直迫于压力进行"交易"。

（7）相反，如果一家公司的基本管理策略是依赖持续、激进的收购来实现增长，那么投资它就可能面临相当高的风险。基于规则 1 中所列举的原因，当高管层没有将并购活动限制在与其业务密切相关的领域，而是愿意无止境涉足不相关的领域时，投资风险通常会变得更高。当管理层短时间内在截然不同的领域进行多项收购时，情况就会变得更加危险。尽管有很多人会不同意，但我认为，当公司的组织结构中存在以下两种情况的任意一种时，这种投资风险还会进一步增加。一是公司首席执行官经常将大量时间花在并购和收购上；二是公司专门任命一名高管，并将并购作为他的主要职责。无论是哪种情况，公司内部有权势的人物通常很快就会形成一种心态，要完成足够多的并购来证明他们花费这些时间和精力是值得的，而这也将带来与规则 6 描述的情况截然相反的"压力"。

（8）基于规则 1 的理由，以及与个人投资者买入股票的原则相似的原因，最不理想的收购，就是以相比现有资产和过往利润极低的价格收购一家吸引力一般的公司，而最具吸引力的收购，往往是支付高昂价格买到完全符合自身需求的公司。许多本来对股东而言是绝佳投资机会的公司，在其刚愎自用的管理层收购了若干疲弱又落伍的公司后，往往都变得毫无吸引力可言。而通常，公司都会向股东解释说，通过公司业务的多样化，股东的地位正在得到巩固！当这种情况发生时，公司股价此前稳步上升的趋势，有时就会戛然而止，甚至永远止步于此。

（9）公司从事的不相关行业数量越多，管理上的压力就越大。令人惊讶的是，许多成功的公司都是将其业务限定在某一个广阔的行业中，如化工行业、电子行业或造纸行业。不过，也有几家相当成功的公司，能够高效地同时涉入两个甚至三个完全不同的行业。此外，在当今复杂的科技背景下，一个行业的终点和另一个行业的起点之间并没有明显的界限。例如，通用电气生产的产品大多为电气产品，但它们是属于一个行业还是多个行业呢？基于这样的理由，我们无法设定硬性规定，来决定一家公司过度多样化经营时的风险程度。相比公司业务多样化所涉及的行业数量，业务多样化的速度可能与投资者面临的风险更加密切，而这也是当两家业务领域大相径庭、规模悬殊的公司之间发生并购时（如规则 4 所述），我们应该以最谨慎的态度来分析它的原因所在。

多年来，相比业务仅限于某一个或极少数领域的公司，股票市场一直或多或少低估参与多个极为不同业务领域的公司的市盈率，这几乎是一个铁律。如果是这样，对于一个在未曾涉足的领域刚刚实施了重大收购的公司，低估其市盈率，不也是明智的吗？至少，在公司管理层证明他们能够同时经营好多种业务之前，难道不应该倾向于给予较低的估值吗？

因此，每项并购根据性质的不同，其投资意义可能完全不同。我相信，大型并购对于股东而言，带来的陷阱通常多过收购方承诺的好处。但这里我要介绍一种相对较新，但与并购相关的经济活动，那就是成立合资公司。这不是并购，而是由两家或多家有着不同技术背景的老牌公司，联合创建一家由它们共同管理的新公司。从陶氏康宁公司和欧文斯康宁纤维玻璃有限公司这样非常成功的公司开始，近年来这类合资公司如雨后春笋般出现在产业界，其中绝大多数都很成功，许多甚至取得了巨大的成功。

我们不难发现合资公司数量增长背后的原因。随着产业技术变得越来越复杂，新的商业机会应运而生，它们可能远远超出了某一家公司的技术能力，但对于两家或多家在不同领域拥有技术能力的公司来说，把握新的商业机会却可能并非难事。此外，在某些情况下，创始公司可能不具备相应的技术背景，但却拥有新设公司所需的原材料或非常重要的市场洞察力。另外，巨大的资本需求有时在此类合资公司的形成中发挥了重要作用。

创立合资公司背后的商业逻辑，并非大多数此类公司成功的唯一原因。同样重要的是，许多母公司本身就拥有能力出众的管理层，而这意味着它们可以将这些有能力的人派驻到新企业。新公司在起步阶段就避免了管理层经验不足问题的出现，而这正是阻碍许多有前景的初创公司发展壮大的原因。

这些合资公司的成功，能否让持股公司的股价成比例地增长呢？我认为，总的来说并不能。合资公司以股息形式派发给母公司的利润，与母公司报告中的其他部分利润有着相同的市盈率。我认为，除极个别情况外，投资者对于合资公司留存收益的重视程度，远低于母公司本身的留存收益。这意味着，留存在合资公司中用于自身发展的这部分收益，对母公司股价的有利影响，并不如母公司自身为了发展而留存下来的收益。

个中缘由也许并不像乍看上去那样不合逻辑。理性的投资者会很乐意让公司管理层自行决定，将公司利润的多大比例作为股息分发给股东，同时将多大比例的利润保留在公司中，因为他们相信管理层能够做出满足各方长期利益的最佳决策。如果他们对管理层没有这样的信心，他们很可能就会卖掉股票。但是，当属于他们的利润被留在合资公司中时，这些利润就不再完全受他们熟悉而信任的管理层控制了。他们所投资的合资公司在采取行动之前，必须获得其他人的批准，有时需要与其他人相互协商，做出一些妥协。因此，合资公司的资产似乎离股东又远了一些。从这一点看，这些资产远不如自己拥有的母公司资产有吸引力。在某种程度上，合资公司留存收益的价值被严重低估。

是否存在一种解决方法，能够让合资公司的利润对于母公司股东来说，与他们直接持股的母公司的利润一样富有吸引力呢？我认为有一种相当简单的方法，就是把这些合资公司因成长而需要额外资本时偶尔使用的做法普及化。偶尔，它们不得不通过向公众发行股票来筹集资金，而这也形成了合资公司股票的公开市场。然后，欣赏和信任这些合资公司管理层而不是其母公司管理层的投资者群体也随之壮大起来了。这时只要母公司愿意，它们随时都可以按市场价格或接近市场价格的价格出售其股份，将部分或全部股份变现。

只要存在真正优秀的管理层，执行这种至今依然罕见的做法，就会让合资公司的真实价值很快反映在母公司的股价上。合资公司的留存收益，首先将反映在其自身的股价上涨中，接着是母公司股价的上涨。而这正是母公司股东所期待的理想结局，即合资公司的留存收益具有与母公司自身的留存收益同样的价值。

一些金融界人士可能会对这一结论存在异议。他们会指出，就像在封闭式投资信托中那样，一些公司的股票在被出售时，其价格经常相较其公开市场价格有很大的折价。他们声称，如果这些合资公司未上市的股票有公开市场，这种折价现象将会变得普遍，合资公司的真正价值并不会比以前更好地反映在母公司股价上。但我不认为这是必然的，我认为这种低于流动资产清算价值的折价说明了两件事。就投资信托而言，它们在一定程度上反映了投资信托的经营成本。投资者通过投资信托持有的股份价值远低于其清算价值，因为投资信托的管理费需要从中扣除。除此之外，在这一"调整后"清算价值的基础上，我认为还应该再加上一个折价或溢价，以反映金融界对特定信托管理层按股东利益最大化原则运营基金能力的信心。如果一家经营出色的公司拥有另一家同样出色且已经上市的合资公司的股权，那么投资者肯定会发现后者的市场价格在很大程度上将会体现在前者的股价上。

如果说，让数量日益增长的合资公司变得对母公司股东更有价值是如此简单的话，那么为什么没有更多的合资公司公开发行股票呢？为什么通常只要有利可图就一拥而上的投资银行家们，没有敦促这些公司通过公开发行股票来进行融资呢？原因在于，许多金融界人士完全错误地判断并高估了股东投票权的重要性。让我们来讨论一下这个问题。

投票权与代理权之争

在大多数公司，普通股股东按一股一票的形式享有投票权，他们通过投票选举出了董事会。从法律上讲，董事会是公司的最高权力机构，它任命包括总裁在内的所有公司高管，同时做出企业的重大决策。

由于这些原因，这种投票权表面上看，似乎对于投资者具有实质意义与价值。金融界的所有表象似乎都证实了这一点，因此，在证券交易委员会要求新股发行时发布的招股说明书中，包含许多委员会认为重要的、与此有关的事项。在招股说明书中，任何不同于标准投票权的做法都必须被详尽说明。同样，许多杂志文章和专业著作，也都在讨论这一主题不同层面的对与错。举例来说，吉尔伯特兄弟多年来因为改革一些公司的惯例，而在美国声名鹊起，他们倡导的大部分改革措施，都直接或间接地与股东投票权有关。

我下面要讲的内容，不应该被解释为我认为即使在投票权领域，吉尔伯特兄弟等大多数改革派都是不正确的。在某些例子中，他们倡议在少数仍然保留着管理层保护机制的公司取消交替任期制的董事会，这些论调似乎非常恰当。我想说明的是，为什么对于遵循健全的投资惯例、自行处理投资的投资者来说，投票权这种事并不重要。

我认为，对于这个问题的基本困惑，来源于人们喜欢将两件完全不同的事情一起比较的自然倾向。一个是，在一个民主体制中，公民拥有和行使投票权来决定国家和地方事务的重要性。另一个是，投票权对股东的意义。然而这两者之间的重大区别常常被忽视。公民行使自己的权利去投票，是为了维护其自身的重大利益。对于要决策的问题，他们应该做出最佳（有时不是最坏）的选择。现代历史中有许多案例显示，如果绝大多数人对这些问题漠不关心，整个民族都将陷入困境。然而，这些政治事务之所以如此重要，是因为每个普通家庭总是与其生活的国度存在着千丝万缕的联系，即使政治环境已经变得无法容忍，带着全部身家（假设这样做不违法）搬到其他地方也依然不是一个容易的决定。

相比之下，公司股东的处境并非如此。在大多数情况下，股东不会生来就持有某家公司的股票，不像一个人出生就获得国籍那样。他可以，并且应该挑选那些管理层符合他特定标准的公司。即使是那些继承了股票的人（或者很多情况下投资者可能会发现他买进了一家管理层不尽如人意的公司的股票），他也可以容易地卖出股票，转而持股其他公司。基于这一点，我认为投资者只要在买入股票时稍加判断，就会在投票权问题上遵循这样一项基本策略：要么完全支持公司管理层，要么卖掉股票。

我很清楚，这一观点与大多数对公司投票权问题发表意见的人士想法相左。大家都听过这样的评论："无论公司的管理层多么优秀，如果它想要股东批准一些股东认为不可取的事情，那么投反对票就不仅是为了股东的利益，更是股东的责任。股东抛售一家经营不善公司的股票，而不是去争夺代理权来改善公司治理，其实是把烂摊子转给了别人，而不是自己努力去收拾。即使管理改善让股票价格上涨，卖出股票的股东也活该错过这份利润。"

这类观点并不新鲜，而且乍一看，它们似乎还很有道理。让我们更仔细地分析一下它们的合理性。我们将分别从股东自身利益和公共利益的角度来探讨这个问题。

让我们考虑这样的案例，股东一直对其持股公司的管理层充满信任和尊重，但现在对管理层提议做的某些事却提出了异议。由于两个理性的人很少会在所有事情上都达成一致，因此迟早会出现一些让股东和公司产生分歧的特定提案。尽管如此，股东也并不认为这个提案糟糕到让他们出售这家优质公司股票的程度。这类提案可能有关企业兼并、资本变动、新董事会成员的选举、某种股票期权、新的高管薪酬计划。

鉴于投资者对公司管理层整体能力的信心（如果没有信心，他也许应该问问自己为什么要持有这些股票），我认为他应该问自己的第一件事是："我有多大把握确定，在这件事情上我是正确的，而管理层是错误的？毕竟，在管理层提出的所有提案上，他们在某些方面所掌握的信息应该远超过我。"如果管理层一开始就是真诚可信、能力卓越的，股东难道不应该反思一下，并意识到自己的观点有可能依据不足吗？然而，我们假设股东仍然认为管理层的提案很糟糕，但和通常的情况一样，这件事并没有重要到让他们因此就想卖出原本有吸引力的股票。

如果是这样，我们就触及了问题的核心。从任何角度看，股东试图在小事上发挥自己的影响力，限制一直出色地为他们工作的管理层做他们想做的事，是不是明智之举？我认为，通过检验管理层在实践中的基本做法，就可以得到明确的证据，证明这样做并不明智。大公司在组建了一个杰出的管理团队之后，会将权力下放给这些表现出色的人士。否则，基层管理人员就不可能有机会通过实践不断成熟和成长。只要这些管理人员在公司政策框架内行事，并产出预期的结果，他们就会被赋予自主决策的权力，即使有时不符合高管层的意愿。如果企业的高管都能自我约束，并给予下属一定的自主权（只要他们总体上表现良好并有出色的业绩，应该允许其时不时地从自己的错误中吸取教训），那么为什么股东不能自我约束，允许同样出类拔萃的高管们也拥有一定的自主权呢？我相信，如果不这样对待杰出的管理层，将会招致许多怨恨，产生内部矛盾，而股东付出的代价，也将远远超过高管们偶尔推行不明智提案带来的损失。

然而，我们现在来看一个更极端的案例。那就是股东对自己的投资一直相当满意，但他难以接受管理层的提案，以至于如果提案通过，他宁愿卖掉股票，这样的事情并不经常发生。在决定投反对票之前，股东应该问自己两个问题。第一个问题是：否决该提案的可能性很大吗？第二个问题是：如果管理层支持如此糟糕的事情，那么他们的判断力或道德水准是否可能已经恶化到远低于我所认为的情况，以至于即使这次提案被否决，他们还会提出像这个提案一样的其他不受欢迎提案呢？第一个问题的答案是肯定，且第二个问题的答案是否定的可能性微乎其微。然而，除非这些答案符合事实，否则很明显从个人投资者的角度来看，他最好抛售股票以等待真正好的投资机会，而不是留在一个他无法阻止糟糕提案，或者即使能阻止，未来还要持续与这类情况斗争的公司中。最能让管理层分心的莫过于和股东的内部纷争。

幸运的是，杰出管理层提出的提案使股东利益置于重大风险之中的情况非常少，且很少引起代理权之争。大多数代理权之争，都是源于管理层业绩不佳，其最后的结果，要么是重要的股东团体发起了一场内部革命，要么是一些外部机构看到了获得控制权的机会，并试图说服大多数流通股股东相信它可以做得更好。近年来引人注目的代理权之争，大多是这种情况。普通股东（无论谁赢，他都不会得到一份高薪工作）在投票权之争中选边站之前，不妨好好思考一些投资基本原则。如果糟糕的管理层长期掌权，那么最大的损失通常发生在基层管理人员层面。有能力的年轻人会跳槽到晋升机会更多的地方，在那里，改进工作效率的新想法和新建议会受到欢迎，而不是冷落。因此，即使股东推翻了差劲的旧管理层，并让真正有才华的人士取而代之，通常也需要几年时间才能显著改善整体业绩，因为需要招聘初级管理人员，然后再对他们进行培训。与此同时，总存在一种风险，即新管理层可能并不像争夺代理权时表现得那样能干，因此没有产生根本性的改进。也许新上位者只是一群油嘴滑舌的机会主义者，他们只是看到了让自己得到高薪工作的机会。基于上述原因，我认为，当有明显的证据表明代理权之争是源于管理层不够出色时，投资者最好的选择不是参与其中，而是出售股票，放宽眼界去寻找收益远高于平均水平的投资机会，并将原始投资的剩余部分投入其中。也许，投资者两三年后应该再重新审视一下这家公司，如果公司真的有了更好的管理层，此时应该已经初见端倪了，而真正的买入机会可能就在眼前。无论如何，一旦最初的兴奋情绪消退，我想不出过去 20 年里，有哪一次的公开代理权之争，使得公司在随后几年里明显跑赢市场。也许这进一步表明，股东投票权对于那些喜欢"炫耀"或"秀法律肌肉"的人才重要，对主要想凭借股票赚钱的人来说并不重要。

但是如果从股东私利的角度看，当他不相信管理层好到能让他一路支持时，最明智的做法几乎永远是抛售股票，那么从公众利益的角度看，又怎样呢？如果股东们像"橡皮图章"一样批准管理层所有的要求，他们是不是就放弃了防范管理层今后滥用职权的最有力约束？如果股东认为现任管理层不够好，而更好的管理层已经在等待股东批准，那么他们难道在道义上没有督促其他股东留住股票并投票支持改革的义务吗？

　　同样，我相信只要透过表象思考一下，就会发现这些被普遍接受的答案并不正确。这是因为，股东投票权在执行力方面笨拙且效率低下。在任意 5 年里，上市公司因为代理权之争而发生管理层更迭的占比都很小。同样地，我猜想，在现有管理层没有被推翻的情况下，管理层提案由于股东投反对票而被否决的数量可能会更少，这是因为管理层，尤其是表现差的管理层，知道自己的提案可能会遭到股东的攻击，因此他们往往都准备好了相应措施来巩固自己的地位，通常经由买进股票、与大股东结盟、利用投票权信托等大家熟知的机制，来为自己构筑坚实的依靠，并使自己几乎无懈可击，除非遇到其他建立类似联盟、资金充足的团体攻击。在这一点上，将公司股东和普通公民之间进行比较的根基再次被彻底动摇了。政治专家告诉我们，在美国，即使是最强大、最根深蒂固的政治机构也很少能够控制超过 20% 的有效选票，这一障碍对于无组织的公民来说难以逾越，但觉醒的公民却可以跨越。然而，在我们大多数人都可以轻松与之断绝关系的公司中（与之相比，公民则不能轻松与国家断绝关系），公司的当权者往往可以控制 50% 以上的投票权，因此他们是不可战胜的。

　　然而，如果投票权这一武器常常软弱无力，以至于无法对表现不佳的管理层施加压力，那么股东们就需要拥有另一种更强大的力量来彰显自己的地位。这就是，首先从自身利益出发，如果他们不喜欢管理层，就卖掉并远离这些股票。一个足够冷酷且以自我为中心的管理层可能对少数股东的反对不屑一顾。但持续的股东抛售会直接影响到管理层的个人财富、他们赖以掌权的盟友的财富以及他们获得的经营成果。当持续的抛售使得公司市盈率远低于竞争对手时，管理层也很难做到置若罔闻。投资者的持续反对将会使公司未来的融资成本远高于声誉良好的竞争对手。此外，这还会使得持有大量公司股票的管理层（如果他们没有持有足够多的股票，则是他们赖以掌权的盟友）的净资产，只有他们得到投资界认可时的一小部分。这才是真正可以打击这些法律上无懈可击的人的地方，与几张反对票相比，这更有可能改变公司的管理政策。

简而言之，投资者抛售经营不善公司的股票，压低这类股票的价格，加剧投资界对管理层的不良观感，纯粹是为了自身着想。不过，这一行为或许在无意间对管理层形成了真正的压力，如果有足够多的人这样做，将会形成一股真正的力量。另外，死守股票并通过投票反对管理层提案的投资者，即使能联合众多同路人，通常也会像堂吉诃德大战风车那样徒劳无功，在改善自己的经济状况方面毫无进展。或许这正是尽管大家都在谈论投票权，并在招股说明书中花大量篇幅谈论投票权，但"市场的无情裁决"对此却并没有赋予多少实际价值的原因所在。如果你对此有疑问，不妨回顾一下过去 40 年里，同一公司同时出售两类股票的各种案例，除了投票信托或其他法律手段使得其中一类股票没有投票权外，两类股票都一模一样。拥有投票权的股票几乎从未因其投票权就持续享有更高的市场价格，就报价而言，两类股票通常可以直接互换。

对于这个问题，或许成功投资者的信条应该是：如果透过表面看本质，你就会发现股东和公司之间的关系，与公民和国家或地方之间的关系很类似的想法，其实是没有依据的。我们应该忽略公司投票权，因为它与股东的未来财富没有什么关系，而应该将目光聚焦于企业的杰出管理层上，因为这才是实现投资目标的关键。当你找到了这样的管理层时，无论是否赞成他们的每一个提议，都要一如既往地用你的投票权支持他们。这样做就像你遵从你所信任的其他专家一样，如你所选择的医生、律师、水管工或任何其他专家，他们将通过超乎寻常的技能，为你创造不同寻常的回报。如果你对他们的看法因为某些原因变差了，不要纠缠于和他们争辩，而是要果断放弃他们，寻找更合适的人选。

该因为选举前景而买卖股票吗

试想以下这个场景：我们已经从大学毕业了很多年，早已不熟悉学生团体和校友事务，我们出现在球场之中，"大赛"即将开始，我们的学校正要迎战死对头，我们不认识两支球队的任何球员。事实上，我们对两支球队的背景都一无所知。然而，当乐队奏起熟悉的进行曲，看到一直以来被认为是自己球队专属的参赛球衣时，我们在感情上就立即选边站，成为本校球队坚定的拥护者。我们可能很少会意识到，那些身着我方队服的家伙可能只是一群混小子，他们参赛的费用是由一群爱好社交的校友资助的。这是我们的球队，突然间，我们便一心希望他们好好表现。

今天，社会学家们已经证明，我们许多人对美国两个主要政党的支持，从本质上讲，与那些本不活跃的校友在有着母校主题色、队歌和队服的体育比赛中表现出的盲目拥护并无二致。事实证明，成长的社区、现在居住的社区、种族背景、宗教信仰以及自我认同的经济阶层等因素，都是将我们拉向某个党派候选人的强大绳索。尽管我们声称自己的思考是独立的，但很快会发现我们的政治倾向越来越明显，甚至于会接受所选政党的一些极端主张。我们的这种倾向，甚至会达到很可能影响投资决策的地步。

许多人会问，把我们所支持政党的前景作为一个重要因素，是不是一个合理的投资策略？政府行为可能会对普通股价值产生巨大的影响，因此当我们信任的人执掌大权时选择买进，难道不明智吗？而当我们反对的政党在一些我们关注的议题上即将取得胜利时，难道我们不该卖出股票吗？

要回答这个问题，先让我们从这种观点的逻辑基础出发，那就是政府权力毫无疑问可以改变股票的实际价值。如果政府为了实现其领导者坚信的、某些人希望的社会目标，而不惜降低全体人民生活水平的话，那么将可能对优质股票的投资价值产生严重的负面影响。相反，一个更明智政府的出现则可能大幅提升股票的价值。没有人会否认政府的影响力，这并不是问题所在。真正的问题在于，无论是在最近的美国，还是在可预见的未来美国，美国是否会延续如今的做法，一个党派对另一个党派的胜利是否足以让我们改变原来的投资决定？

很多投资者对这个问题的想法大致如下：共和党主要是商人的政党，共和党人理解并同情企业面临的问题；民主党的支持力量则来自对商业成功嫉妒又敌视的团体。因此，当共和党执政时，企业就安全了，股东应该持有股票，而当民主党上台时，股东就会遭殃。

还有另外一群数量相当的选民，他们的财富要少得多，对股市的影响也小得多（但仍然有一些影响），但他们的想法却正好相反。由于1932年经济跌至谷底的大萧条发生在共和党执政时期，因此他们认为共和党代表着萧条，而民主党代表着繁荣。但他们轻易地忘记了，其他的大萧条都发生在民主党执政期间。他们相信，当共和党人执政时，股东和其他人都必须担心随时可能卷土重来的坏日子，而当民主党人上台时，大家都可以安心。

我相信，在如今和过去的美国（在未来某个时候，情况可能会大不相同），这两种想法都没有真正的依据。认为民主党有可以防止经济萧条的锦囊妙计，或者说在这方面做得比共和党更好，似乎都与事实相距甚远，因此花费太多时间来讨论它似乎毫无意义。然而，与此相反的观点，即当共和党前景光明时买入并持有股票的观点，被许多股东群体广泛接受，或许更值得深入讨论。

普通的共和党官员比普通的民主党官员，对企业更富有同理心，这种基本想法或许没错。然而多年来，两党在这一点上并不存在泾渭分明的分界线。击败了现任共和党参议员 B 的民主党参议员 A，可能比参议员 B 更仇视企业。然而，在不远处的其他州，另一个民主党参议员 C 则击败了现任的共和党参议员 D，而我们发现参议员 C 可能比参议员 D 更愿意倾听商界的声音。此外，由于他在多数党内地位尊崇，因此他或许更有可能让自己的想法获得通过。

然而，对股东来说，当代美国政治的一个基本趋势远比参议员 A、B、C、D 的个人立场更重要。这个趋势就是，绝大多数美国选民更倾向于中立，他们既反对极"右"也反对极"左"。重要的不是官员的立场，而是他做了什么，为了留任而做了哪些努力。

典型的共和党人一旦当选，就开始在各个方面向左翼靠近，以吸引这些中立派主力军的支持，并证明他不是"商业巨头的傀儡"。他心里可能并不喜欢这样，但最终还是采取了行动。一系列反垄断行动的力度远超之前民主党政府时代，以牺牲富人阶层利益为代价来逐步实施"社会福利"，以及优先考虑个人而不是公司税收减免，都是近年来这一趋势的征兆。

如果典型的民主党人当选，又会做些什么来吸引那些双方都极力争取且占主导地位的中立选民呢？他有时候会对"大企业"口诛笔伐，但却很少提出危及美国企业合法利益的措施。他的税收观点出人意料地温和，尽管他确实希望以牺牲富人阶层利益为代价，为穷人阶层提供额外的"社会福利"，但他可能做得只是超过共和党同僚一点，并没有过于激进。当困难时期到来时，他甚至会比他的共和党同僚更关注如何纾解企业的压力。

这些基本情况也许不会永远持续下去，基本的公众舆论迟早会改变，绝大多数选民可能没有意识到（就像现在一样），只有通过美国私人企业在自由经济体系下所具有的惊人效率，才能同时实现以下不可思议的壮举：在稳步提高国内各主要阶层的生活水平的同时，承担公民在和平时期被要求背负的最沉重国防负担。广大美国选民或许出于根深蒂固的本能，而非理性的思考，认为创造开明的利己私人利润，是使得所有人持续提高效率，并产生这些结果的唯一动力。如果这种观念发生改变，那么现代政治的基础也将发生改变，那时党派政治对股东的影响必将比现在更大。不过幸运的是，目前还没有这种迹象。在此之前，那些因为不看好党派政治前景就卖掉优质股票的投资者，可能就是在重蹈新政（New Deal）早期一些相当富有且之前非常成功的共和党投资者的覆辙，他们非常害怕新政府，以至于忽略了这一时期的大好机会。他们完全错估了形势，他们对只是稍感不满的部分立法，施以强烈的反对，譬如关于普通股所有权的法案，只因他们也反对其他立法的通货膨胀方面条款，因此就被全然反对。未来如果又有一个温和的反商业政府当选，这种影响力交错的组合，可能又会以大致相同的比例占据主导。

如果我们轻易地得出结论，认为国会里与自己同属一个党派的议员都是有力靠山的话，那么可能会误导投资者。同样，并不是每一位反对党的成员都是危险之源。为了说明这一点，来看看我认为在过去25年里最恶毒的商业立法，这个法律，就是所谓的"超额利润税"法案，其支持者为这项相当恶毒的税收，贴上了一些冠冕堂皇的标签，目的是掩盖它的真实性质。这一税种危害极大的原因在于，它针对那些业务运转良好、探索新领域以及创造新就业机会的公司，实施了特别惩罚，并为那些对经济贡献有限的低效公司，提供了相对竞争优势。如果有人密切观察这一税种对优秀企业的影响，他们很快就会发现，超额利润税对公司决策造成的日常影响在于，优秀企业不再像往常那样努力减少浪费、提高效率。对于这些公司来说，只要超额利润税继续存在，政府就要支付大部分增加的开支，因此奢侈浪费的趋势就不会停止。它甚至对劳资关系也产生了不良影响，因为罢工的大部分成本实际上转移到了政府身上，因此企业将不再试图与雇员共同解决问题了。

"超额利润税"最初的支持者主要来自所谓的民主党自由派。随着1952年共和党执政，许多投资者认为共和党人将坚定地反对这一税收政策，但事实证明并非如此。当新政府呼吁暂时延续该税种时，并不是因为这是一个好的税种，而是因为政府需要税收，数量惊人的共和党议员改变了他们的立场。与此同时，或许更令人惊讶的是，一些民主党自由派人士在其所在州看到了这一税种所造成的危害，于是他们转变了立场，并完全丧失了对这一立法的热情。由于政党的立场变换频繁，并且同一党派内部也有许多不同的声音，因此政党的路线也很少保持不变，只要广大美国选民保持他们今天选择的中间路线，那么党派之争的胜败，不论是现实中的还是预期中的，都不能成为长期投资决策的坚实基础。

如果在现有的政治环境下，这些纯粹的党争胜败对长期投资计划没有影响的话，那么从短期或择时的角度来看，它们是否会有影响呢？我们不妨假设，基于本书此前提出的那些更根本的原因，我们已经做出了买卖一只股票的决定。如果做出决策的时间临近大选日，那么牢记以下几点，通常可以获得稍微好一点的价格：

那些财富足以影响股票价格走势的人似乎认为，共和党的胜利能使股票变得更有价值，而民主党的胜利则会让股票贬值。然而，由于总统选举和国会选举备受关注，并且对选举结果的专业预测（例如，反映在投注赔率上）几乎总是正确的，因此股市多年来总是在实际投票日之前的短期内过度低估选举消息。这意味着，除了少数选举结果意外反转的情况，大选日后的第二天，股市的走势将与大多数人的预期恰好相反。换句话说，如果像往常那样，选举结果正如专业政客所料，那么在选举后的第二天，如果民主党获胜，股市反而会快速上涨，而如果共和党获胜，则股市将出现大跌。例如，在富兰克林·罗斯福四次压倒性赢得选举的第二天，股价都出现快速上涨。同样在 1946 年，当共和党如专业人士预期的那样 18 年来首次在选举中控制了国会两院时，第二天便见证了一次剧烈的市场调整。牢记这些事实，并相应把握大选期间的交易节奏，对于那些因其他合理原因而计划在选举期间进行交易的投资者来说，完全可以多赚些钱。

当偶尔发生选举翻盘的情况，即选举结果并不像投注赔率和专业政治观察家预测的那样时，又会如何呢？民主党的胜利似乎会引发新一轮抛售，并导致本会下跌的股市应声下跌。这正是 1948 年杜鲁门总统意外当选后的几天里所发生的事情，这可能是 20 世纪唯一一场真正的总统大选翻盘。另一方面，当共和党从大选翻盘中获益时，也许就可以期待第二天会出现真正的大牛市了，而这正是 1954 年国会选举中发生的事情。当时人们预计民主党将在选举中大获全胜，并以巨大的优势从共和党手中夺取国会控制权。然而，副总统尼克松在最后一刻发起了强力助选活动，并最大程度缩小了共和党在东部的劣势，同时在西部反败为胜。最终，民主党在国会中的优势小得出人意料，几乎可以忽略，其结果便是股市在随后的几天（而不是一天）里急剧攀升。

比较一下选举翻盘第二天和选举未翻盘第二天的股市表现，我们就会发现一个新的投资规则，这个规则与之前讨论的更基本的规则（不要因为政党选举结果而做出投资决定，除非政治环境与长期以来的情况发生了巨大改变）一样容易遵循。这就是，如果你打算在大选前后买入或卖出股票，那么就参考一下投注赔率认为哪个政党获胜。如果预计共和党获胜，就在选举之前卖出，而买入则应在选举后至少一个交易日后进行；如果预计民主党获胜，就在选举之前完成买入，卖出则等到选举后股价出现反弹时再进行。如果预期是民主党获胜，但共和党却展现出意想不到的实力，结果竟然出现了翻盘，那么你可能会发现，遵从这个择时策略真的是太有价值了。

第 5 章

成长行业分析

　　对于那些渴望获得长期丰厚回报的人而言，深刻理解本章所阐述的要点极其重要。当然，同样重要的是，投资者也要明白，这些要点对他的帮助也会存在局限性。本章内容并不是要向读者推荐股票，也不是告诉他们买入、持有什么股票可以致富。实际上，尽管有些偏离主题，我还是要说，我不相信仅仅凭着阅读本书或其他任何著作，就能够致富。一本书从作者写出来到被读者阅读，中间必然要经历一段时间，这使得将一本书作为买入股票的依据，并取得成功的概率极低。

　　阅读本章内容的投资者，他的收获可能与垂钓客阅读陌生水域钓鱼指南非常类似：即使阅读的是一本优秀的钓鱼指南，也不能保证垂钓客一定会有惊人的捕获量，因为即便是最完美的钓鱼指南也无法精确地告诉你，那条特别珍贵的鱼会出现在哪里。与此类似，当投资者在书中发现了一个投资机会时，它的情况很可能就跟溪流中鱼儿的位置一样，早已发生了很大变化。因为，当一个诱人的投资机会被许多人知晓时，其价格很可能早已上涨，不再像一两年前（或后）那样具有巨大升值潜力了。

　　接下来，我认为很有必要进一步比较一下"钓鱼指南"与本章内容对读者的意义。我们讨论了利用钓鱼指南做不到的事，那么它有哪些用处呢？通过它垂钓客可以了解到，哪些河湾、湖泊以及湖岸最适合钓鱼。同样重要的是，垂钓客可以了解到在哪里容易钓到哪种鱼。最为重要的是，对于不熟悉这个地区的新手来说，垂钓客可以知道在哪些地方大概率钓不到某种鱼。

在大众心目中，有些行业与成长是联系在一起的，就像一些新来的垂钓客一见到河岸就联想到钓鱼一样。不过，我猜测投资这些不同行业的回报差别之大，将远远大于相邻溪流间鱼群种类的差别。我相信，了解这些差别，将有助于经验丰富的投资者明确他想深入调查的领域（即行业），以便发现值得探寻的投资机会。对于那些没有时间和专业背景管理自身投资、需要依赖专业人士的投资者，了解这些差别可以帮助他们评估专业人士的工作，弄清楚其投资顾问可以为他们做什么。

带着这些目的，让我们来看一下人们经常挖掘所谓"成长股"并偶有收获的主要行业。我们将试着透过表面，分析行业间的差异，揭示这些差异如何造就完全不同类型的投资。我还会告诉你关注什么，才能够充分抓住那些偶尔出现的机会。

化工行业

首先，我们来讨论化工行业。我不想纠结于精确的定义，因此从投资角度出发将化工公司定义为：主要业务是利用自然界中的元素或简单分子，将它们重构成具有特殊性质的复杂材料，并从中赚取经济利益的公司。这一略显武断的定义，将硫磺制造商、化肥公司排除在化工行业之外，理由是（它们可能并不赞同），从投资角度看，这些公司的生产活动涉及的化学因素不是很复杂。此外，制药公司也被排除在外，因为其生产活动涉及的化学因素过于复杂，这类公司的业务背景完全不同，从投资的角度看，属于完全不同的行业，具有完全不同的投资特点。

过去50年，部分符合上述定义的化工公司，创造了美国工业史无前例的成功。实际上，在很多普通投资者的心中，化工行业与非同寻常的成功投资已经联系在一起。由于过去的巨大成功，许多人已经将化工行业视为"快速致富"的捷径。而一些新闻报道则进一步强化了这一观念，比如化工公司即将推出更丰富的新产品，这些产品几乎注定会成功，并带来更多的收入和利润。于是，在一些人的想象中，化工行业成了一条魔术传送带，开始一端是各式各样的试管，从中产生无穷无尽的新特产品，随着这些产品沿着传送带最终到达消费者手中，将会为生产它们的幸运公司自动带来源源不断的利润。

对于"化工行业是美国一个主要的快速致富行业"这个观点，在我看来，没有什么比这更离谱的了。

事实上，化工行业并不是一个快速致富的行业，甚至恰恰相反。化工行业可能是当代美国投资者最好的致富机会，只不过它是以"缓慢但确定"的方式发展，接下来让我解释并证实这一观点。

通常，统计结果会因采用的数据不同而有所不同。但总的来说，比较化工行业与其他行业的长期销售收入曲线可以发现，美国各行业平均增速为3%，而化工行业的增速是这个数字的2.5～3倍。随着研发投入的持续增加，再加上在实验室各个研发阶段涌现出的大量新特产品，有力地确保了化工行业在未来许多年依然能保持较高的增速，甚至可能会更高。由于同一行业中的公司增速不同，因此简单推算就可以得出，行业中增速最快的公司，其增速必然超越行业均值（后者至少为 7.5%，即 3% 的 2.5 倍以上），这足以超过金融权威人士对成长股最低增速 10% 的认定标准，这种增速足以令几乎所有投资者感到满意，不过，在通常情况下，化工行业的股价无法像其他行业的明星股那样连年大涨，比如在电子行业，一些细分领域龙头公司的年均增速可以高达 25% ～ 40%。

化工行业无法像其他行业一样增速达到 25% ～ 40% 的原因，除了行业整体增速之外，另一个内生的制约因素是：化工行业的产能扩张通常需要庞大的资本开支，即便是行业领导者也无法幸免。

即使采用最先进的化工技术，化工行业每增加一美元的产出，通常也都需要增加一美元的资本开支。几乎所有作为化工生产技术起点的所谓"大宗"或"基础"化工品都是如此，大部分利润更丰厚的中间品和终端产品也是如此。单单是这一因素，就会抑制一家经营良好的化工公司的增速，除此之外，还有一些老问题，例如，如何在借助股票融资支持公司增长的同时，尽可能少地稀释股东权益。为此，化工公司的扩张大多是利用留存收益或通过借款来实现的。尽管推出热门新产品的回报丰厚，其利润可以支持更多新产品的研发，形成"超级复利"式的无尽增长，不过由于每增加一美元的收入都需要更多的资本开支，因此公司的增速自然会受到明显的制约。

此外，新工厂的高昂成本，加上化工行业复杂的生产技术，还会以另一种方式制约行业龙头公司增长的速度（而不是增长的确定性）。实验室研发出一款具有巨大市场潜力的新产品，通常至少需要数年时间。接着，公司必须采取一切可能的措施，避免将巨额资金投入到那些采用未经验证的生产工艺的新建工厂上。为此，公司会先建立一个小型试验工厂，验证新工艺在最简单条件下的可行性。在小型试验工厂通过各种调整获得最优方案后，公司会再建一个大型试验工厂，然后在不同的条件下再进行数月的调整、测试，直至达到全面量产的要求。不过即使如此，通常，新工厂正式投产仍需很长一段时间，因为生产中需要大量的特定中间化工品，而它们只能通过大宗基础化工品合成。然而，通常在新工厂附近，这两类化工品的供应都不够充足。因此新工厂投产前，还必须新建或扩大生产这些基础化工品的工厂。由于新工厂"投产"前的各个阶段都要经历艰难的启动阶段，因此一款重磅化工新产品，从研发到量产通常需要很多年，而之后还需要一段时间才能获得潜在客户的认可。

上述因素是投资者在优质化工股上快速致富的主要障碍，但作为补偿，它们会提升投资者盈利的确定性。除少数高度专业化的领域外，巨额资本开支通常会阻止新公司进入化工行业，从而避免了竞争加剧，这与美国其他高速增长的行业完全不同。不过，巨额资本开支并没有阻止其他行业巨头涌入化工行业，挡不住它们试图分享该行业的增长红利。我认为，这种情况很值得仔细研究，但我持有的观点与许多金融界人士不同，我相信，优秀传统化工公司的投资者可以放心。原因在于，一些生产技术与化工行业极其相似的石油和橡胶公司，虽然它们成功地建立起了化工业务，特别是在与其原料极为相近的领域，但与此同时，一些传统化工公司也成功转型为油气生产商，实现了原材料和能源的自给自足，从而扳回了一局。此外，一些几年前雄心勃勃进军化工行业的石油和橡胶公司，以及许多进入"灿烂"化工行业的其他行业的公司，我认为它们的结局都并不如意。导致这种不如意结局的原因很多，生产技术复杂只是原因之一，除此之外，无论是保持高效的研发产出，还是销售产品给许多不同类型的客户，这些都比最初的预期要困难得多。

二战之后不久，许多公司试图进军化工行业，其结局今天基本上已经尘埃落定，一些结论也越来越清晰。在一些大宗或基础化工品（如氨或苯乙烯）领域，来自从事内部化工生产的前化工业客户的竞争将非常激烈，尤其在生产过程中没有产生重要副产品、一家客户可以耗用工厂全部产能（因此不存在销售问题）的领域，以及可以由工程公司提供"交钥匙工程"（工程公司确保工厂顺利运行，并培训客户员工来运营工厂）的领域。对于这些领域中的产品，我预计其市场将会被日益增多的生产商瓜分，近年来利润率下滑的趋势也将持续。

　　然而，一旦远离简单的基础化工品，进入顶尖化工公司的核心领域——复杂化工品业务，竞争的格局就完全不同了。在复杂化工品领域，很多产品都是彼此的副产品。公司必须为所有产品找到出路，有的产品可以通过将它们销售给不同客户来解决销路问题，但有的产品只能通过研发新产品来消化。因此，在化学研究与工程方面，顶尖公司必须取得并保持领先，这一点非常重要。我认为只有少数新进入者能做到这一点，而即使如此也并不意味着会加剧竞争，因为这样的新企业基本是通过并购形成的。我斗胆说一句，虽然化工行业仍将像过去一样快速增长，但在深刻认识到上述问题之后，类似 20 世纪 40 年代后半叶那种局外人大举涌入化工行业的情形将不会重演。因此，过去十年中保持竞争优势的公司，至少在未来十年都会发展得很好。

　　当然，这只适用于那些产品线足够多元的化工公司，只有它们会受到平均法则的庇护。如果竞争对手的技术进步淘汰了它们的某个产品，也只会影响其一小部分业务，而这很可能会被公司新技术带来的额外收益所弥补。在化工行业，专注某一领域的公司偶尔会出现爆发式增长，例如由于政府需要火箭的固体化学燃料，Thiokol 化学公司就因此获得了爆发式增长。不过投资者应该永远记住，这类公司可能遭遇同样的大逆转，这可能不是因为它们做错了什么，而是因为新技术的突然出现。

　　综上所述，竞争激烈的化工行业在过去 10 年再次证明了该行业的基本投资特点：要在行业中胜出，一家多元化大型化工公司必须能将技术与商业判断相结合，生产出越来越多复杂但相互关联的化工产品。一旦成为这些领域的领导者，它就能在众多不同的业务中获得"秘诀"，而局外人很难同时掌握这么多"秘诀"，因此很难在同等条件下进入该领域。这也意味着，一旦某多元化的化工公司在众多领域处于领先，要保持优势它只需做到两件事：①技术要跟上该领域的发展；②保持良好的商业判断力。领先化工公司的基本策略和经营哲学早已根深蒂固，因此做到这两点几乎是肯定的。

对于化工业投资者来说，这有什么特殊意义呢？答案是：在化工行业，寻找适合长期投资的顶尖公司非常容易，因为它们过往的表现就摆在那里。投资者可以轻松识别出技术领先者和低成本生产者，因此，选择买哪些股票并不困难。这与其他大多数增长潜力明显的行业形成了鲜明对比，在那些行业中，选择购买什么股票才是难点。

然而，能轻松发现未来大概率会显著增长的化工公司，对投资者而言却几乎没有什么帮助。因为对他而言容易的事，对其他投资者来说也很容易，其结果便是这些公司的股价通常已经透支了未来的增长，而这也正是龙头化工股市盈率较高的原因所在。

关于购买高市盈率化工股的风险，已经有很多人分析过，有些观点显然是短视者的无稽之谈。尽管市场可能随时出现下跌，并使得投资出现短暂浮亏，但某些化工股能确保你取得显著的长期增值，原因在于其业务稳定增长的概率极高。尽管如此，你在买入化工股之前，仍需牢记两点：

第一点，存在许多内在质量不如，甚至远远不如行业龙头的化工公司。由于许多投资者习惯寻找"差不多好，但没那么好"的公司，因此这些公司的股票市盈率往往跟行业龙头相同。购买此类股票风险可能较高，因为它们无法确保实现维持高市盈率所需的利润增长。一旦有证据表明增速无法实现，其市盈率便可能大幅降低，从而造成投资的永久损失。每当你急切地想以高市盈率购买化工股时，还要记住第二点：虽然买进最好的化工股，并持有足够长时间后，大概率会赚钱，但只要买进时稍微自律一些，就能够通过投资这些好公司，获得更高的长期收益。

讲到这里，我们就来看看，从投资的角度，投资出色的化工股与投资大部分其他极具吸引力的成长股有什么重大区别。由于选择最好的化工股相对容易，因此"买什么"变得不那么重要了，而"何时购买"则变成了投资者需要深思熟虑的事情。

在大熊市使得几乎所有股票都魅力减退的时候，优质化工股便成了实现财富长期大幅增值的理想标的。如果熊市出现的原因是经济衰退或萧条的话，就更是如此了。这背后的原因不仅仅在于此时大部分股票可能都处于买入区间，还有一个更根本的原因，那就是化工行业本身的经济特点。

在经济状况好的时候，投资者往往自我感觉良好，容易得出过度乐观的结论，人们很容易被化工行业的重要新产品吸引，并得出一个错误的结论，即化工业是不受经济衰退影响的，然而这

是大错特错的。由于必须提前很长时间制订计划，为这些新产品
准备生产设施（并满足在经济繁荣期对于老产品的市场需求），化
工行业的生产需要很长的前置准备时间，而这使得新产品的出现
容易导致行业的过度扩张。一般来说，每当经济意外下滑时，总
会出现产能过剩。然而，每当经济繁荣时，这个行业的强劲增长
率就使得化工业能够"抵抗"经济衰退的投资神话再次出现，不
过结果通常是幻想破灭，当衰退再次来袭时，即使是最好的化工
股，其股价的下跌速度，也通常与低质股票一样快。

　　然而，就在这个令人失望的时刻，股票经纪商也会再次发现
化工股的收益是周期性的，化工行业独特的经济特点会再次发挥
作用，并带来买入股票的好机会。这是因为，化工行业的平均增
长率至少是一般行业的 2.5 倍（当然，对于最好的化工公司来说，
其增长率将高于该行业的平均水平），新产品会不断涌现，同时也
会发现老产品的新用途。由于新产品的原料，大部分都是公司原
已生产、目前产能过剩的基础化工品和中间产品，因此公司可以
快速地利用部分的过剩产能，利润也会比一般行业恢复得更快。
换句话说，就经济衰退而言，化工业增长率的真正意义不在于不
会发生大幅下滑，而是在于它下滑的时间更短，而且比一般行业
更快达到新的峰值。这意味着，对于最好的化工股而言，价格的
下跌可能相当短暂。充分利用这一时机，能够给投资者带来持续
多年增长的投资机会，而此时低廉的买入价格也将让投资者获得
一笔可观的资本利得。

当我撰写这些文字时，企业界和金融界的乐观情绪高涨。几乎所有地方的人都有这样一种感觉："黄金 60 年代"根本就不会有萧条，即使有也会很轻微和短暂，因此不必担心。在 1958 年春季触底的短期衰退期间发生的情况，让当时工商界弥漫着悲观情绪，金融界甚至更为严重，但其实那次经济衰退并没有预期那么严重，这件事似乎让美国公众更加确信经济衰退不再令人担忧，经济景气将会持续下去。

经济史一再向我们表明，这种观点是非常危险的。经济衰退，似乎是我们为获得自由竞争经济的诸多好处所必须付出的代价，通常出现在最意想不到的时候，而越是意料之外，它们对股价的影响就越大。此外，所有人们常说的"内置经济稳定器"，都不能保证一定能抵御萧条，它们只能让萧条变得相对短暂。因此，一场典型的经济衰退迟早会在 20 世纪 60 年代发生，几乎可以预见到，这对于人们来说就像晴天霹雳一样，在股市中，陶氏化学、杜邦或其他优秀的化工股起初都会和其他股票一起下跌。那些趁机买进此类股票的人，将以低价获得增长速度虽然不是最快但依然十分理想的投资机会，更重要的是这种增速拥有不同寻常的确定性，即这一增速大概率会实现。对于那些判断出未来萧条将不期而至，并利用这一机会买入并持有这类股票的投资者而言，它们很可能再次证明其长期投资的价值，因为过去它们曾反复证明过这一点。

在另一种情况下也会出现购买化工股的有利时机，这与判断经济周期无关，它利用的是公司利润因暂时性高成本而出现下滑时的市场衰落期，这些暂时性高成本通常来自：①异常多的新工厂投产而造成的非正常支出；②新产品在首次推出时经常产生的特殊销售费用。对于与这些公司管理层关系密切的人来说，这可能会提供一个不同寻常的投资机会，让他以很低的折扣价进行一项回报丰厚而又风险极小的长期投资。

这种机会利润丰厚，值得仔细研究。通常，当一家壮观的新工厂正在建造，或一种重要而出色的新产品即将上市时，那些热情被激发的人会大量购买相关公司的股票。大部分这类买进本质上都是投机性的，因为这些投资者对所涉技术问题知之甚少，但又期望快速轻松获利。当预期的利润被昂贵的新设备调试造成的月复一月损失代替时，这些持有人会感到恐惧，并想要抛售他们的股票。起初，下降是温和的，因为有其他投资者倾向于利用这些"便宜价"获利。然而，随着技术问题的继续发酵，越来越多的股东感到恐惧。管理层"深陷麻烦"的消息传出，股价不断创出新低。通常，股价在技术问题被解决的几周后才会小幅回升，此时新工厂已经损失了几个月的盈利。当然，这种购买机会发生在小型化工公司（或化学加工业公司）身上的可能性要比大型公司大得多。通常对于大型公司来说，一家新工厂的昂贵启动成本对其利润的影响要小得多，因为公司原有的许多其他工厂在同时赚取着丰厚回报。

在 1958 年的大部分时间里，宾夕法尼亚州 Beryllium 公司的股票都为投资者提供了这种购买机会。这家公司在制造铍铜合金材料，以及将这种材料制成线材、棒材、带材和其他形式的材料方面，拥有着利润丰厚且不断增长的业务，其客户基于这些产品来生产其他成品。由于该业务显示出的增长前景，以及该公司似乎拥有的强大竞争优势，其股票的市盈率一直相当高。之后，铍金属在原子能和航空业都展现出了良好的应用前景，不过从生产的角度来看，铍与铍铜合金材料的制造工艺大不相同。1957年，Beryllium和另一家公司都获得了原子能委员会的5年期合同，为其提供超高纯度铍金属。Beryllium公司在宾夕法尼亚州黑泽尔顿购买了一个旧的机车修理厂，并开始安装生产设备。Beryllium公司规模相对较小，铍金属合同对其意义重大，市场对其充满期待，因此其股价也从20世纪40年代中期的低位，猛涨至59.5美元的高位。

此后不久，1958年开始的经济衰退使股市陷入困境。如果没有铍金属业务的刺激，Beryllium公司的股票无疑也会被适度抛售。这是因为，传统的铍铜合金业务虽然仍旧利润丰厚，但与大多数其他原材料和组件供应商一样，其业务肯定也会受到影响。然而，从铍铜合金业务收入和利润的稳定程度来看，这种下跌应该是相当温和的。

然而，现实却恰恰相反。在接下来疯狂的几个月里，管理层在新业务上遇到了一个又一个问题，出现了一个又一个意想不到的，需要被调查、诊断和解决的技术难题，而解决这些问题需要资金和时间。在 1958 年上半年，黑泽尔顿铍金属业务每月的巨额亏损，已经快赶上公司原有业务因经济衰退而仅剩的利润，其结果便是公司上半年财报勉强实现盈亏平衡。

这个时候，一些股东前几年的乐观情绪，已经被深深的悲观情绪所取代。没有人能准确预计这个代价高昂的时期何时结束，因为每当它似乎要结束的时候，都会出现一些新的麻烦。像往常一样，有人开始怀疑这些问题到底能否得到妥善解决。而更麻烦的是，当全新产品推出时，还碰到了一些经常发生的情况，市场对铍金属的真实需求，与新业务开始时的预期大相径庭，原子能产业对其需求远低于最初的估计。虽然航空业的需求前景远高于最初的预期，但这几乎不可能驱散因当下原子能产业对其需求减少而带来的阴影，大部分航空业的需求仍然是猜测性的，至少要在很长一段时间之后，才有可能成为现实的需求。

面对这一切，Beryllium 公司股价的反应与预期一样。到 1957 年底，其股价已经跌破了 30 美元。在 1958 年上半年，该股票有大量股份在 24 ～ 30 美元成交，其中大部分成交价接近 24 美元。一个可能更有趣也相当典型的情况是，在 1958 年下半年，黑泽尔顿的铍金属业务在一段时间内出现了明显好转，然而许多股东似乎仍然对于公司能否真正解决生产问题缺乏信心。尽管有越来越多铍金属可用于国防的令人鼓舞的报道，但仍然有大量的股份可以以 30 美元左右的价格买到。尽管 Beryllium 公司的合金业务当时也在蓬勃发展，但到年底，其股价也只恢复到 38 ～ 39

美元的水平。事实上，这一价格正是 Beryllium 公司股票受铍金属业务影响之前的价格！一些投资者认识到，Beryllium 公司经历的所有这些，只不过是一家需要新的相关技术才能正常运转的工厂经常遇到的事情。他们可以选择在问题最严重时，以 24 ～ 30 美元的价格购买股票，或者选择在这些问题正在被解决时，在风险更小时以 30 ～ 40 美元的价格购买股票。他们这样做，不仅可以抓住一个在不久的将来就会迎来大幅上涨的投资机会，还能以低廉的价格进行一项可能会随着全新行业的成长而不断增长的投资。

随着许多领域技术进步的持续加快，对于那些愿意不厌其烦地了解事实，同时不被华尔街情绪反应所困扰的人来说，这种机会在 20 世纪 60 年代应该会比过去 10 年更加频繁出现。技术进步的步伐越快，这种机会就越多。

我认为，在化工行业，还有一种方法可以在最低风险下获得丰厚的长期回报。到目前为止，人们只考虑投资那些被普遍认为最具吸引力的公司，换句话说，在一段时间内，知情人士会认为这些公司拥有非凡的管理层。然而，与其他行业一样，在化工行业偶尔也会发现一些公司，它们过去在某些方面的管理表现良好，但在其他方面则表现较差。然后，一个新的管理层出现了，他们在原管理层优势的基础上，开始将公司打造成一家整体表现更好的公司。在任何行业，这都会带来真正受关注的投资机会。在化工行业中，由于其特殊的吸引力，即在低于平均水平的风险下极有可能实现高于平均水平的增长，它也会更受关注。这是因为它可能会为购买化工股的投资者提供一个机会：在无须支付高额溢价的前提下，通过投资一家经营良好的公司，参与这个增长率高于平均水平的行业。

由于这类机会非常吸引人，随着越来越多的投资者认识到这些机会，它们的股价通常会迅速上涨。当然，这样的上涨并不构成卖出的理由，因为随着公司管理的日益改善，其股价本质上应该会在未来几年持续增长。不过，这确实意味着买进股票的最佳时机可能已经过去。

1958 年 7 月 30 日到 1959 年 3 月 31 日期间 Nopco 化学公司股票的大幅上涨，就是这方面相当有趣的案例。在发放股息后，该股票价格在 9 个月内大约翻了一番。上涨的原因并非人们对公司管理能力的评价发生了改变，而是新产品的昂贵导入期结束了，正如 Beryllium 公司案例中所描述的那样。与大多数新技术领域的现有企业相比，Nopco 公司新型刚性和柔性聚氨酯泡沫生产线的启动成本更高，而且持续时间也比最初预期的更长。现在，这些业务不再亏损，开始出现了盈利，因此股票也做出了正常反应。然而，我相信，这种涨幅代表着更深的含义。不久前，该公司换上了一位能力出众的新总裁，各项高层人士调动也随即展开。像往常一样，经过一段时间之后，有越来越多的确凿证据表明，公司取得了长足进步。随着这一趋势越来越明显，金融界的关键人物开始意识到，这家管理层很干练的小型化工公司，是他们以前忽略的。我相信，这种管理层评价的改变，远胜其他任何因素，是股价后来大幅上涨的主因。

在同一时期，一家规模更大的化工公司——食品机械与化工公司的股价也翻了一番，这似乎在很大程度上也是由于金融界对公司管理因素的重新评估。这是一个特别有趣的例子，因为它显示了大型机构买家对股票态度的改变，会对股价产生极端影响。正如本书其他章节所讨论的那样，在 20 世纪 60 年代，这个因素将会对股价产生越来越大的影响。

从 1934 年到二战后初期，食品机械与化工公司一直都是整个市场中表现突出的公司之一。虽然少数机构买家可能是出于对其高管层的信心，对其股票一直热情高涨，但在随后的 10～12 年里，这只股票却被更多人刻意回避。这种地位的下降在很大程度上主要归咎于该公司的化工业务，其中大部分是在二战后几年里通过收购其他公司业务形成的。在这一时期，该公司的机械业务部门一直被认为是杰出的低成本生产商，公司出色的工程开发能力确保了其内生增长速度，足以使这一业务成为非常理想的机构投资标的。而相比之下，化工业务（销售收入约占总收入的一半）异常低的利润率则被认为远低于机构标准，这也使得几乎没有人对同时拥有这两项业务的食品机械与化工公司感兴趣。陈旧的工厂、部分化工部门低落的员工士气以及公司研究部门缺乏令人兴奋的新产品，都被认为是其低利润率将持续下去的证据。

公司调入能力非凡的新人来处理化工业务面临的这些问题。

像往常一样，在开始的几年里，内部管理的改善对股价的影响很小。管理层通过提高效率节省出来的资金被大幅增加的研究费用完全抵消，因此，管理改善带来的进展并不特别明显。然而到了1958 年下半年，管理上的飞跃开始显现效果，并逐渐引起了投资人的兴趣。进入 1959 年，人们开始意识到：一个相当出色的化工业务正在悄然出现。

就像 Nopco 公司一样，在食品机械与化工公司的案例中，那些能够先于金融界认识到管理正在改善的人，将能够找到机会参与杰出化工公司的稳步增长，同时无须支付常见的溢价，而这种高市盈率溢价通常是投资者试图参与这类增长时要付出的代价。此外，从某种程度上讲，通过发现管理方面根本性的改进，来实现上述目标是最容易的方式，因为在这种情况下，股价的上涨很少发生在新人开始掌权的时候，而是在一段时间之后，即他们的工作成果开始显现出来的时候。

然而，投资者或其顾问应该对自己的立场非常确信，才能得出结论，认为一家投资等级较低的化工公司，管理层素质已经得到真正的提升，从而保证其投资地位将大幅提升。一些记录不是很好的公司，有时会声称它们已经改变了做法。我记得几年前，有一家收入和利润增速并非业界最佳的化工公司计划进行融资，其部分高管向全美各地的金融机构进行宣讲，他们大举宣传公司已经出现了改善。此后不久，人们开始兴奋地买进这只股票。我相信，这批买家中的大多数最后都亏本卖掉了股票，因为很明显可以看到该公司几乎没有什么根本变化。

电子行业

现在，让我们转向另一个偶尔可以发现更丰厚长期回报投资机会的主要领域，这就是电子行业。

从投资的角度来看，化工行业和电子行业只有两个重要的共同特征：①它们大概率都会在将来出现巨大增长；②在这两个行业中，这种增长都将来自于通过成功的研发来推动前沿科学知识理论的发展。除了这两个共同特征之外，就其投资性质而言，这两个行业的差异就像极地与热带一样。

用热带比喻电子行业，并不像乍看起来那么牵强。电子行业是一个年复一年保持高增长率的领域，这在其他领域是令人难以置信的。顶尖的电子公司可以而且确实以每年 25% ～ 45% 的速度增长，而且预计这样的增长率会持续数年，该数字足以令几乎所有长期投资者兴奋不已。但就像热带丛林中的激烈竞争一样，许多这些不寻常的增长，可能来也匆匆、去也匆匆。

多种影响因素会使得电子公司有这样的特点，即有时以惊人的速度突然超越同行，而有时则同样迅速落后。其中一个重要因素是国防合同，金额巨大的单一合同有时会从一家公司及其供应商转移到另一家公司。更重要的是技术的特性：技术发展的速度不仅令人难以置信，而且在这个行业的重要（尽管不是所

有）细分领域中，技术本身无法保证今天领先的公司明天一定还
会领先，电路设计师很容易便可复制并稍微改进另一名设计师的
作品。

对比化工行业和电子行业，便可以明显看出化工公司增速较
低，但竞争优势更有保障的其他原因。正如我先前指出的那样，
在化工行业中，对于大部分主要公司来说，如果每增加 1 美元资
本支出，就能够增加 1 美元的产出，它们就非常满意了。但在电
子行业的大多数阶段，机械设备的重要性要小得多，每增加 1 美
元销售额只需要大约 20 美分的新厂房和新设备成本，有时，甚
至只需要 10 美分。这意味着那些试图进入电子行业众多（尽管
不是全部）细分领域的新进入者，需要的资本开支相对较少。此
外，批量生产通常发生在这些低资本开支的领域，因此，高效的
新进入者生产某些电子产品，比如某些特殊用途的电子管，其成
本往往可以与行业巨头一样低。这与化工行业新进入者的处境相
去甚远，后者在重大化学工艺中要想与现有企业竞争通常需要至
少数百万美元的资本开支，同时要拥有与老牌生产商一样低的生
产成本，还需要形成巨大的生产规模。最后，许多产品彼此之间
是副产品，因此可以阻止新竞争的特点，在较复杂的化工行业很
普遍，但在电子制造业却几乎是闻所未闻。简而言之，由于启动
资本要求相对较低，小批量制造在电子行业的许多领域都很常
见，与此同时，通过获得政府大型合同而壮大的可能性也一直存
在，因此，无论是新公司还是传统产业的老牌公司，都会大量涌

入该行业，对此我们不应该感到吃惊。

电子股有可能比最好的化工股回报更高，但与此同时更残酷的竞争也使得风险更大，带着这样的投资认知，电子股的分析重点也将与化工股有很大不同。时机因素，即"何时购买"，变得没那么重要了。这个行业的增长速度如此之快，以至于只要拥有合适的产品及管理层（除非股票的价格已经完全抵消了这两项因素带来的收益），任何时候，即使是大熊市的初期，都是买进"正确"电子股的合适时机。但购买哪只电子股不仅变得更加重要，而且变得更加困难了（选择哪只主要化工股，通常则相对简单），因为如果选错了公司，损失可能会令人震惊。

总的来说，在试图选出杰出的电子股时，需要尝试评估两个基本因素。一个是，如果公司保持其产品在市场中的预期份额，它将增长多快。另一个是，它有多大可能性能够保持这种增长，即不会因为竞争对手的超越而意外地打乱其增长进程。在20世纪50年代末电子股经历的疯狂牛市中，第一个因素受到几乎所有投资者的关注。然而，某些产品和某些公司的内在性质，使得它们在第二个因素，也就是面对突如其来的竞争风险上，其表现远低于电子行业中许多其他公司。随着20世纪60年代的到来，我相信，20世纪50年代晚期一些热门电子股的投资者，在遭遇挫折后，会意识到第二个因素比第一个因素更重要。在我看来，值得投资的电子股应该在两方面都经得起考验。如果在这两方面都能满足要求，我认为20世纪60年代将再次证实50年代后半段反复戏剧性展示出来的规律——如果在整个金融界知道其优势之前便买进，这种股票的回报将超越你的想象。

在这一时期，众所周知，即使是在 20 世纪 50 年代中期对 Ampex 或德州仪器进行了小额投资，那么持有至 20 世纪 50 年代末，也能够奠定一个人的财务独立基础。也许最重要的是，在金融历史上，这种股价上涨数十倍而不是数倍的例子太过知名，大家都在重点关注这些电子股取得的惊人收益。也许，我们的重点应该放在少数给投资者带来如此丰厚回报的电子股上，因为许多其他电子股都是昙花一现，在很短的时间内飙涨，但只是一次性的。

由于事前选择出未来会成为市场宠儿的电子股是如此之难，而一旦选对了回报又如此丰厚，因此我认为应该花费比较多的篇幅，来描述一下我认为其应该具备的一些特征，以便尽可能提高选中未来最优质电子股的概率。尽管从帮助潜在投资者的角度来看还有些不充分，但电子股投资（或任何其他行业的股票投资）的问题可以被准确地总结为：管理最好的公司将取得最大的进步。这句话确实是对的，特别是在像电子行业这样高度竞争的行业。如果一个良好的经营管理体系在某些重要环节缺乏较高的经营效率，那么即使有强大的专利保护和出色的工程技术也无法确保长期持续增长。但除此之外，投资者还要注意良好的经营管理体系的哪些方面，才能挑选出前景好的电子股呢？

我相信，以下是特别重要的一些方面：

1. 公司是否拥有一个研究机构，能够使其在特定领域持续保持领先，而不仅仅是暂时领先？

我认为，已经成为电子股经典投资案例的德州仪器，很好地说明了这一点的重要性。几年前，这家公司在硅晶体管的商业开发中处于领先地位。鉴于当时该公司的总资产与其大型竞争对手相比不值一提，许多人质疑德州仪器能否长期保持当时享有的领先地位。然而，德州仪器从那时起持续推进研发和工程改造，让其许多竞争对手不断努力才能达到德州仪器的位置，然而就在竞争对手们实现目标时，这家小规模的德州生产商又向前迈入了新的位置，然后，竞争对手需要再次进行追赶。这使得这家曾经的小型半导体生产商，在这个美国工业增长最快的领域持续保持着相当大的市场份额。随着半导体业务的机械化，以及标准分销模式的形成，该行业正在经历一个不可避免的转变，即许多相对低效的小生产商被几个幸存的大型高效生产商取代。这意味着，这家只有几年历史的小公司已经成功地跻身于强大的幸存公司之列。因此，在这个有前景但未必有多少利润空间的行业里，德州仪器股票可以拥有更高的市盈率。正是利润稳步增加与市盈率稳步提升的共同影响，让德州仪器股价大幅上涨。

如果仅靠研发和工程技术不足以让电子公司保持领先的话，另一个因素就变得非常重要了，我认为德州仪器是一个特别好的例子。德州仪器雇用的高级人才，以及投入到研发中的数百万美元，都不足以让公司取得如此成就。除此之外，还需要研究团队与超高水平的营销部门之间的协同，后者能指引研究活动聚焦于那些在未来几年销售潜力更大的半导体业务。在半导体行业，与许多其他电子领域一样，其增长速度是如此之快，以至于几乎没有一家公司，可以探索和研究自家专长可适用的所有产品。如果公司员工拥有判断力且相互合作，将能够引领研究团队聚焦未来更广阔的市场领域，从而能够从其每 1 美元研发支出中获得高得多的最终收益。它也将更有可能保持领先地位，哪怕只是因为它能够以最快的速度扩大产量，并享受单位生产成本降低的好处，而这通常也是生产规模扩大的结果。

虽然研发和营销（或市场调研）之间的密切协调，可以对改善整体研发效率产生巨大影响，但在电子行业的许多细分领域，研发人员与日常生产和销售人员之间协作的效率几乎同样重要。生产一个市场已有产品的改进品是不够的，因为其他人很可能也会快速做出类似的改进品。研发工程师只有与销售人员密切合作，才能知道如何改进设计，从而在提高基本效率的基础上，满足客户的个性化需求，从而使得公司拥有标准化产品生产公司不具备的决定性优势。同样，可以依据基本功能与客户个性化需求来设计产品，并能用操作更简单、成本更低的方式去生产产品的公司，将比那些生产和研发之间缺乏紧密协调而使得产品成本高企的竞争对手，拥有明显的价格优势。

事实上，我认为，无论是在电子行业还是任何其他行业，如果有哪个特征比其他特征更能表明企业研发活动能否持续成功的话，那就是团队合作。如今开创性的研发工作需要一群拥有不同学科背景的人共同努力。理论物理学家、数学家、无机化学家、冶金学家和固态物理学家都可能参与到一项突破性产品的研发当中。与此同时，这些不同领域的专家可能也会同时参与公司的其他项目。这些人合作得如何，可能是他们在技术上能取得什么成果的决定性因素。然而，对于股东而言，要想取得成功，不仅取决于这些技术专家的合作情况，还取决于他们与销售、生产、市场方面的同事，特别是高管层的合作情况。在现代工业中，能够紧密合作的中等能力团队，通常会胜过特立独行的天才。

相反，如果高管层眼界广阔，为实现公司目标能及时发掘人才，并与他们密切合作，那么他们为其股东带来的回报，通常将远超只关注研发项目短期利益的同行。很多顶尖技术人员从根本上来说，更感兴趣的是取得技术进步，同时在自己的专业领域里赢得地位，而不是赚钱。如果管理层认识到这一点，并且不遗余力地支持其研发人员做出重大科学贡献，同时研发人员也知道管理层并不看重项目的短期回报，那么，只要管理层能够妥善管理研发工作，通常可以获得巨大的长期回报，因为整个技术团队会有更高效的团队协作和更高的生产力。在团队合作和热情对成功如此重要的研发活动中，管理层如果能够有技巧地领导研发人员，并让他们保持高忠诚度和不懈的动力，那么将能够让公司年复一年持续进步。

如果这些是电子行业投资者在研发活动方面应该关注的，那么他应该避免陷入哪些陷阱呢？在我看来，他应该十分警惕两个相当常见的错误。一个是，他永远不应该仅仅因为一些杰出的科学家，如诺贝尔奖获得者，加入了公司并将为公司大展身手就购买股票。现代工业不是这样运作的，新加入者可能是他所在领域世界上最伟大的专家，但如果他没有得到其他专业领域，以及市场研究和生产等领域杰出同事的支持，他能做到的最多就是在该公司激起"短暂的火花"。即使这位杰出科学家技术再好，如果他被证明缺乏团队合作精神，那么不但无法激起短暂的火花，反而可能只会带来庞大开销。许多投资者会对他们冲动的行为感到后悔，因为他们在听到伟大的 X 博士或 Y 教授加入公司后就购买了股票，而没有好好核查他们是否适应该公司，甚至没有核查该公司是否为他们提供了合适的岗位。

　　投资者在研发方面常犯的另一个错误是，仅仅因为一家公司的研发支出庞大（可能是相对股价占比高，也可能是相对全年营收占比高），就买入股票。首先，除非进行了仔细的会计调整，否则这些用于比较的数字可能会极具误导性。一家公司会将许多成本作为研发费用，也可能会将销售成本，甚至是直接生产成本当作研发费用。近年来，由于高管层了解到华尔街中许多人相当重视公司每年的研发支出，因此一些公司开始有了一种令人遗憾的倾向，即将所有可能的费用都计入研发费用。但即使进行了会计调整，还有一个更为根本的原因，让依赖这些数字的投资者可能损失惨重。或许在公司经营的各个环节（可能除了广告营销）中，没有哪个像研发这样，各个公司在费用投入和股东回报之间存在如此巨大的差异。如果只考虑经营最出色的公司，研发支出在 10 年内的变动幅度能高达 3 倍。如果将普通公司与一些最好的公司进行比较，"研发效率"因素在公司之间的差异还能再高出很多倍。显然，股东感兴趣的是他能够获得的长期利益。然而，在公司经营的最重要环节，股东回报与费用投入之间的关系却是最小的，股东在评价公司研发活动的时候，不是看它的研发成果，而是看它花了多少钱！在评估电子股投资吸引力时，我们需要调查的特征将证明，为什么在电子领域，如果过于重视简单的数学比率，将会导致极具误导性的结论。

2. 公司产品在国防相关业务和民用业务之间的比例是否合理？

所有电子股的投资者都不应该忘记的一点是，这个行业有 49% 的业务直接或间接（通过分包商）来自美国政府，几乎全都用于纯军事用途。此外，如果冷战状态持续下去，这种巨大的需求不仅会增加，而且会大幅增加。技术进步不仅发生在远程导弹领域，也发生在局部战争使用的常规武器方面，这些都会需要越来越多的电子产品。与此同时，大多数这些技术进步还会带来比所取代的武器更复杂，而且通常更昂贵的电子系统需求。因此，军用电子市场为具有不同寻常工程设计和生产能力的电子公司，提供了广阔的市场空间。

然而，从投资者的角度来看，军工业务通常比不上同样规模的民用业务。这有多种原因，其中可能最不重要的是利润率通常较低，这样说情有可原，因为有时可以获得大量订单从而足以抵消较低利润率的影响。

军工业务的一个基本缺点是不稳定。如果军备竞赛能够结束，并且东西方重新建立真正的信任，那么对所有主要国家的绝大多数公民来说都将非常有利，因此人们一直希望找到实现这一目标的方式。如果这种情况发生，那么以军工业务为主的供应商将会发现自己几乎要倒闭了。然而，在当前的紧张局势下，这种可能性并不大。不过即使不考虑这一点，军工业务仍然存在远超民用业务的不稳定因素。"为了方便政府"，军工合同不仅可以被取消，而且经常被取消，且几乎没有任何提前警示。随着电子技术进步的步伐不断加快，这种情况不仅不会减少，还可能会变得更加频繁，因为一家承包商可能会设计出一种武器系统，让现有武器系统过时，进而变得毫无用处。

造成这种不稳定的原因在于，在政府业务中很难建立起民间业务关系中常见的"善意"。如果一个重要的固定供应商因在估算成本时犯了错，而在一份重要合同上亏了钱，那么开明的民间企业往往会进行适当的合同调整，虽然这在法律上并无必要，公司并不需要支付高于法定合同的价格，但这种"善意"通常会在买家陷入困境并需要帮助时，为自己带来丰厚的回报。同样，大多数个人消费者都会对满足他们需求、并让他们愿意继续光顾的品牌或零售商产生忠诚度。相比之下，在军工采购中，如果其他供应商对同一项目给出的报价更低，那么军方并不会仅仅因为特定供应商在过去曾竭尽全力为其提供过服务，就继续跟该特定供应商打交道。加上军方轮换服役的趋势，今天与公司打交道的采购官员明天可能就被调走了，进一步增加了建立任何具有持久价值的善意或忠诚度的难度。大多数军事承包商必须要考虑其重要业务会随时停止的可能性。

另一个尚未得到普遍认可的因素，使电子股投资者越来越不喜欢军工业务，那就是军方有一个公认的惯例，他们期望私营企业以很少或没有利润的方式进行工程设计与开发。这背后的逻辑是，如果做得好，研发工程将能够及时带来重要的生产合同，然后，这些大批量生产订单将使公司获得足够多的利润，这样公司就可以在不盈利的基础上，轻松完成政府不会得到实际武器的研发工作。

这种在非营利基础上进行设计，然后从生产中获利的模式在二战前和二战期间变得很普遍。当时这种方式的效果很好，因为那时候大部分都是以坦克、步枪、炮弹等为代表的军械物品，以及以载人飞机为代表的军事硬件。按照今天的标准，开发每种新武器所需的工时总数相对较少，而相比之下，所需的武器数量却是巨大的。因此，工程设计的成本占硬件购买金额的比率相对较低。

在过去的15年里，变化的速度如此之快，以至于今天用于战争的武器和技术可能与二战时大不相同，其差别超过当代武装骑士与中世纪轻武装民兵之间的差别。这使得军事承包商以略高于成本的价格进行研发，之后再从生产中获利的模式完全不适用了。原因在于，许多最先进的武器是如此高效，以至于只需少量武器便可摧毁所有的目标。然而，研发的节奏却是如此之快，以至于在某个原型开发完成之前，另一个原型已经进入了早期设计阶段，而后者很大程度上将淘汰前者。对于大部分现代武器系统来说，武器生产时间与研发时间之比，在二战后急剧下降。有人说，在今天的军备竞赛中，大量储备的是工程能力而不是武器本身！当然，这也有例外，因为有些电子元器件和组件可能只需稍加改造，就能用于许多武器系统。然而，总的来说，这意味着投资者越来越不喜欢军工业务过多的公司，因为要获得规模越来越小的生产合同，必须进行越来越多无利可图的工程研发。

在这个时代，在国防项目中保持工程设计能力领先可能对公司生存至关重要。然而从国家的角度来看，可悲的是，利润往往集中在次要的环节（生产），而不是最重要的环节（创新工程）。我认为，民用业务从根本上比军工业务更具吸引力的事实产生了非常不利的影响，即为保持军备竞赛的领先需要国内最优秀的工程师和商业精英为国家安全做出贡献时，他们却将时间花在进一步完善一些不那么重要的消费品上。这种危险的情况可能会随着时间的推移而改变，不过我还没有看到一丝变化的迹象。在变化迹象出现之前，投资者为了自身利益，最好应该根据可能发生的情况，而不是他希望发生的情况来做出判断。因此，在不久的将来，军工电子业务，除非与民用业务直接相关，否则都应该被视为重要性远不如非政府业务。

由此或许有人会得出这样的结论，投资者如果希望挑选出能创造最大增值的电子股，其目光应该仅限于不从事国防业务的公司。但事实上，这种观点大错特错。与此相反，投资者要寻求的是那些从事军工业务的公司，从工程或其他角度来看，军工业务与其非政府业务有着足够密切的联系，因此能够从为政府工作中获得某种双重利益。除了可以从不知道能持续多久的政府业务上赚取利润外，它还可以在政府的资助下，培养出可以帮助其开展更有利可图、更持久的民用业务所需的技能。

一些公司通过精心协调管理层中具有各种工程和营销背景的人，已经具备了很高明的技巧，来挑选对自己最有利的政府合同。这些合同可以提升它们进入技术相关，但有时看起来完全不同的工业或消费市场时的竞争力。这可能包括政府研究合同、生产合同，或者更有可能两者兼而有之。通常，只有在所涉及的特定领域具有卓越的独创性和技巧的公司，才能够获得这些合同。然而，当一家电子公司真的能够以这种方式积累宝贵的民用业务知识时，它的股票才可以被视为非常有潜力的杰出电子股，并值得进行最深入的研究，看看它是否也符合此类投资的其他主要先决条件。

很多时候，电子公司管理层会非常自豪地告诉投资者，他们公司的政府业务和民用业务很均衡，这可能会让人觉得，这种分散化似乎很有好处。然而，如果这种分散化不能滋养民用业务，那么与没有分散化的公司相比，就只是多了一些稳定的优势而已。然而，电子股投资者永远不要忘记，要想让投资有巨大的吸引力，公司的两种业务不仅必须有某种程度的相互关联，管理层还必须找到利用军工业务技能推动民用业务发展的方法。

从国家安全的角度来看，非常幸运的是，当今复杂的电子技术有时可以做到这样。以美国面临的威胁来看，我们的惯例与政治，使得我们最能干的工程师和商人们更愿意去设计卷发器或烤华夫饼机，而不是能够干扰和摧毁敌人导弹的新系统。这些专家将拥有卷发器或烤华夫饼机的设计专利，如果产品受市场欢迎，他们也将因此受益。成功的导弹拦截器可能会拯救 500 万人的生命，也可能会阻止潜在的敌人发动攻击。然而，当一个价值连城的防御装置工程设计完成后，其设计权可能都不属于创造它的公司。根据我们过时的军事采购理论，生产合同预计将"弥补"政府工程研发合同中几乎完全缺失的利润，然而在经过激烈的竞标后，生产合同却可能会被别的公司（并非负责产品研发的公司）拿走。而且，最终赢得生产合同的公司，经过重新谈判后，得到的大概率是很不稳定且利润率较低的业务。简而言之，尽管从国家利益的角度来看，导弹拦截器可能具有令人难以置信的价值，而改进的卷发器则几乎没有太多价值，但商业事实仍然是，即使在最无关紧要的消费领域，付出同样的资源和精力也会比为政府工作产生更大、更安全的经济回报。在这样的机制下，如果无法从创造性的军事电子研发工作中获得额外民用业务的好处，那么将会有更多优秀的工程和管理人员流向研发卷发器，而不是导弹拦截器。一个政府无须付出任何代价的制度不太可能有任何变化，因为无论如何军工业务必须有人完成，而且这确实是吸引顶尖人才的领域。因此，那些拥有杰出电子技术人才的公司，在20世纪60年代将会像在50年代末一样，在与军事和民用电子领域密切相关的业务中获得不同寻常的机会，并为股东创造巨大财富。

3. 公司能否让客户认可其主要产品的技术优势，不会仅仅因为价格便宜就转而购买知名度较低的竞品？

在仪器制造有关的电子行业细分领域，这两种条件的组合将对投资者极有好处。产品的质量非常重要，以至于很少有客户愿意冒风险，仅仅因为价格便宜10%或15%，就选择一些性能不够好的新品牌或二线品牌产品。由于给出更优惠的价格很难实现盈亏平衡，因此竞品很少通过更大幅度的降价，来与一个已经拥有规模制造成本优势的老牌高效生产商进行竞争。

当两个或两个以上优秀生产商的产品质量，具有大致同等地位时，所有这些情况都可能存在，对电子股投资者来说就没有什么意义了。然而，有时在最复杂、最难制造和维护的产品中，某家生产商的产品会被公认为是质量出众的。当这种情况发生时，该电子股的投资地位也将发生改变，并可能促使市盈率大幅提升。为了理解这一点，我们需要回到大多数电子股的基本投资特征上来，即电子股的增长潜力远高于平均水平，但蕴含的风险也远高于平均水平，竞争可能会在毫无预警的情况下中断这种增长，进而危及整个投资。然而，在有些情况下，当一家公司以质量闻名，以至于其他公司越来越难与之竞争时，该电子股的投资特征就会开始发生变化，其增长前景可能一如既往的高，假设管理层有眼光，不牺牲质量而是像过去一样持续大力改进产品，那么风险就会变得越来越小。如果这种情况发生在具有不同寻常增长前景的业务领域，那么它将孕育出有丰厚回报的电子股投资机会。

20 世纪 50 年代的热门电子股 Ampex 公司，或许可被视为这方面的最佳案例。Ampex 是一家以各种电子股投资指标衡量都异常出色的公司。不过在我看来，Ampex 股票的高市盈率，除了公司超高的增长率、良好的商业管理、出色的工程研发能力，以及政府业务和民用业务之间的良好关系之外，还可以归功于其他因素。在该公司大部分的仪器产品中，客户不愿意在质量上冒风险，其他公司很难在公司拥有质量声誉的这些产品线上取得进展。只要这种情况持续下去，Ampex 公司在这个充满机会的领域里，就拥有继续保持领先的光明前景（跟大多数电子行业公司经常遇到的异常风险相比）。由于竞争风险（同样是跟大多数电子行业公司相比）低于正常水平，其市盈率高是可以理解的。

许多投资者似乎无法理解，为什么一些电子股的市盈率如此之高，对于他们而言，如果能记住一个基本概念，就可以避免严重的误判。在这样一个充满成长机会的领域，竞争风险和增长曲线是决定合理市盈率的重要因素。

4. 公司的销售和市场营销能力强吗？

虽然其他因素也可能起到重要作用，但在所有的制造业中，3个卓越的基本因素构成了一项杰出投资的支柱，它们是：①比大多数竞争对手更高效的市场扩张和销售能力；②制造能力，也就是以更低的成本生产出比大多数竞争对手更好的产品的能力；③研发能力，不仅能稳步改进现有产品，还能在公司足以胜任的领域，开发出有利可图的新产品的能力。这些因素不仅适用于电子行业，也适用于其他任何行业，因此，从这个角度来看，讨论电子股的特殊投资特征时，特别强调销售能力似乎很不合逻辑。然而，正如我在探讨电子行业时提到的，对投资者而言，研发在这个极速变化的行业中的重要性远超许多其他行业，但是，出于完全不同的理由，我认为电子股投资者对电子公司销售能力的重视度，要远胜过他在考虑其他类型投资时。

这个理由，可以追溯到绝大部分电子业务来源于联邦政府的时候。我很清楚，电子公司要持续获得大量政府业务，确实需要某种销售能力。然而，我相信那是一种相当专业的销售技巧，相较于一般商业渠道所需的高超营销技能，向国防部销售产品所需的技能虽然容易得多，但在我看来性质却大不相同。从销售的角度来看，向政府销售产品的丰富经验，并不会让公司掌握民用业务的营销技能。

　　换句话说，在大多数行业，如果一家公司没有强大的销售组织，它通常很难实现增长，而精明的投资者也很少被这样的公司吸引。当然，它们通常也不会拥有所谓"成长股"的高市盈率。然而，在电子行业，一家这样的公司如果有足够的开发设计能力，依然可以发展到惊人的规模。它甚至可以凭借其工程设计能力，不时从大型企业客户那里获得一些重要的业务。然而，我相信，有远见的电子股投资者还是应该避开这些公司，因为政府业务"今天来，明天走"。投资电子股时要考虑的最重要因素是如何防止销售前景突然恶化，在这一点上，没有什么比建立一个能在迫切需要时接触到大量潜在客户的分销组织更重要了。这个组织是由公司自己建立，还是由代表制造商的独立分销商构成，并不重要。重要的是，参与的公司员工或外部人员，都经过了精心挑选和培训，以满足公司的特殊需求，并且公司知道在需要新的销售概念时，如何让他们快速、彻底地了解新想法。

　　坐在办公室检查资产负债表和利润表，是无法让投资者知道这些事情的，政府业务与民用业务比例的总体数据也不能。然而，在这样一个技术突飞猛进的行业中，要选出既能脱颖而出又能保持领先的电子股，没有什么比销售能力更重要了。许多电子公司都是由具有卓越创新能力的个人创立并主导的，几乎所有这些才华横溢的人都对生产和研发事务有着浓厚的兴趣，因此，生产方面的事务很少会不受重视或缺乏理解。虽然有一些例外，但这些杰出的工程人才大部分对销售没有同样的兴趣，他们对如何建立营销领导能力缺乏直观的了解。表面上看，一家拥有杰出工程师但缺乏优秀销售部门的电子公司，在一段时间内依然可以为其股东创造巨大价值，因此许多人就倾向于继续忽视一个优秀销售组织的长期意义。长期看，重视这一因素的电子股投资者，可能会得到相当丰厚的回报。

制药业

在20世纪60年代，另一个让投资者充满希望的主要增长领域，是制药业。人类战胜白喉或脊髓灰质炎（小儿麻痹）等疾病的过程非常具有戏剧性，因为直到不久前，人类对这些疾病还都束手无策，因此不难想见对于那些仍然困扰人类及其宠物身体（以及心理）的各种疾病，人类迫切期待出现更有效或更好的治疗方案。在现代意义上，制药业是在二战及其随后几年里，随着抗生素的发明等一系列重大事件的发生，才真正走向了成熟，在此期间，许多此类神奇药物的生产技术日臻完善，使得它们的价格降低，进而进入大众市场销售。由于制药领域的大多数关键技术突破，都会迅速带来巨大的市场，因此经营良好的处方药公司一直将一定比例的收入，投入到新药和改进药的研发上，其投入可以与最杰出的电子公司相媲美。除非所有努力都失败，否则制药业在20世纪60年代，将为机警的投资者带来丰厚的收益。然而在这个丰富多彩的领域中，有什么投资特点呢？

　　从科学原理上看，制药业与化工业很类似，都是通过化学过程，要么将某些分子重新排列成具有所需特殊特征的其他分子，要么将原子和相对简单的分子构建成具有所需特殊特征的更复杂的物质。换句话说，尽管制药业生产的分子通常比化工业更大、更复杂，但从技术角度来看，两者的界线相当模糊。

　　然而，从投资的角度来看，情况则大不相同，医药股的投资特点介于化工股和电子股之间。然而无论是从价值增长的速度上看，还是从（我认为）大多数医药股存在的高风险上看，医药股的投资特点都与电子股，而不是与它在技术上有着密切联系的化工股更像。我已经指出，在化工业中，一种主要产品通过试生产阶段后，通常还需要数百万美元的资金和更复杂的生产设施，才能进入正式生产阶段。即使是最优秀的化学工程专家，也只能在极个别情况下，降低生产成本与销售额的比例。相比之下，在制药行业，满足全国市场需求的设备，通常可以被快速安装好，而且成本低廉。因此，制药业并不存在化工业那种有形壁垒，这意味着它无法阻止新产品的快速扩张，而这会使得在此之前仍大量销售的竞品销量迅速地衰落。

　　此外，尽管许多人可能不同意，但我相信在这样一个技术可能随时快速落伍的领域，仔细检查许多主要制药公司的产品组合后会发现，它们对技术过时问题的防范能力远低于一般人的想象。许多制药公司的大量销售收入，来自极少数关键产品。此外，这些关键产品的利润，在总利润中的占比通常会更大。因此，在面对市场竞争时，制药公司若稍有不慎，使自己一两个主要产品被淘汰，就有可能使自家股票的盈利能力和股价遭受重创。

虽然这些基本情况，跟我所描述的电子行业非常相似，都具有高风险、高增长率的特征，但在制药业还有其他因素可以略微限制增长率与风险因素，使其状况不像电子公司那样极端。首先，在美国，影响人类健康的新产品，在获得美国食品药品监督管理局（FDA）的批准之前，不能投放市场。这意味着公司必须提交大量的临床数据，而这需要大量的时间。有了足够的反应时间，竞争对手可以采取措施来应对这种情况。与此同时，我们必须记得，大多数药物的真正市场，是由美国与海外数十万名开处方的医生决定的。如此庞大的人群中，必然包含许多随时都在寻找更好治疗方案的医生，这些医学界人士会欢迎那些被证明可改善疗效的新药。但在庞大的执业医生队伍中，也有很多人知道所有强效新药都会蕴含一些风险，因为即便该药对成千上万的患者都没有不良副作用，但也偶尔会有某位患者因不明原因，出现严重的不良反应，所以他们更喜欢坚持使用旧药。最后要说的是，有些医生已经使用旧药这么多年了，他们对如何调配药方极为熟练，他们会犹豫要不要使用不熟悉的新药，即使后者疗效可能更好。出于这些原因，制药行业的经验是，有价值的新药很少能够快速获得与其药效相称的市场占有率。同样，技术上已经被完全淘汰的药物却几乎总是会以相当稳定的销量再继续销售数年，尽管其销量会远低于竞品上市前的水平。

还有一个因素会让制药业的技术竞争，不像电子行业某些领域那样激烈。一般医生都非常忙碌，而每年又会推出如此多的新药，其中许多药品的宣传都有一定程度的夸大，医生根本不可能有时间掌握他专业领域内所有药物的发展情况。他会从技术论文或医学期刊广告中获取一些新药的资讯，他也可能从制药业所谓的"细节人士"那里获得部分资讯，这些"细节人士"是各家制药商雇用的销售代表，他们负责拜访医生，并随时向他们通报该公司产品的重大进展。然而，大多数医生没有时间去接待所有"细节人士"，因此，他们只会约见少数几位新药销售代表。毫无疑问，选择见谁一方面是基于销售代表的个性，而另一方面则是基于医生之前对销售人员所代表制药公司的看法。这往往会给声誉良好并拥有一支训练有素的推销员队伍的大公司带来一些竞争优势。在某种程度上，这还使得某些新上市的药品产生出人意料的竞争力。

从投资者的角度来看，除了销售部门的规模和地位以外，一家制药公司与另一家制药公司相比，其为新药开拓市场的能力，在重要性上仅次于稳定研发新药的能力。制药公司的营销人员，必须接触许多不同类型的医生，其中涉及高超的技巧和大量的成本。如果新药在医学和经济上都很重要，那么公司可能会尝试去说服最著名的专家，请他们试用新药并报告临床结果。之后，这些专家的心得将被精心撰写进医学期刊的报告中，并制成小册子，连同免费样品一并邮寄给数万名医生。有时，小型制药公司不仅缺乏获取市场份额所需的营销能力，甚至可能也缺乏财力。

总之，在20世纪60年代，制药业将在寻找治疗疾病的化学药物方面，取得越来越多的进展，这个行业大概率会迅速扩大。但是，这个行业没有什么内置稳定器来减缓突然涨跌的风险带来的市场波动，一家公司的新发现往往会危及另一家公司的重要市场，在这样的领域，投资者要怎么做才能从中受益呢？

投资者可以做两件事。一个是只买进最优秀大型制药公司的股票，如默克或先灵，这些公司将优秀的研发组织与高水平的营销能力相结合，在医疗行业享有极高的声誉。由于整个行业都在扩张，这些拥有出色研发能力以及医药行业最多样化产品体系的公司，将会发现它们从自身创新中获得的收益，会大大超过其他公司竞争性技术突破可能对其造成的损失。

然而，这与我先前谈到的买进最佳化工股的建议，既十分相似又有明显不同。相似之处在于，无论何时买进这类股票，由于其增速非常快，因此在经历足够长的时间后，无论是买进最好的医药股还是化工股都可能会带来可观的回报。与化工股的情况类似，那些有耐心和自制力的投资者，如果能充分利用偶尔出现的医药股买进时机，将能够取得更丰厚的回报。而这也正是化工股和医药股的不同之处，因为买进最佳化工股的时机和医药股大不相同。正如我已经说过的，在化工业，这种买进机会通常出现在经济衰退的时候，不过此时却是购买优秀医药股比较糟糕的时机，因为经济环境对药品业务的影响通常比较轻微，当许多其他行业的利润急剧下降时，投资者反而可能会给予医药股特别高的估值。其结果便是，经济衰退并不会让医药股变得便宜。然而，其他因素却会偶尔导致该行业失去投资者的青睐。比如政府干预的威胁，特别是针对那些在攸关人类福祉的重要产品中享有高利润率的公司，这类事情很容易让医药股在 20 世纪 60 年代偶尔出现买入良机。就像过去某些时候发生的情况那样，一家制药公司的利润突然大幅下降，可能会让金融界意识到（正如它经常忘记的那样）同样的事情可能也发生在其他公司身上，所有医药股都可能在一段时间内失去投资者的青睐，直到其他新药大获成功，新的热情让人们忘掉了这一点。在这个充满机会的领域，那些在这种时候保持冷静并买入最佳公司股票的人，将获得巨大的回报。

然而，对于那些对制药行业研发进展有更深入了解的人来说，偶尔会有另一种随时可能出现的重大机会。经营良好的某家公司将推出一种重要的全新产品，并有望使得利润大幅增加。如果在金融界认识到新产品对公司利润的重要性之前，买进这类股票，收益将非常可观。即使金融界都已知道了这一信息，但只要股票价格出现微弱的缩水（有时会发生这种情况），那么此时的回报虽然没那么巨大，但依然可能相当可观。当然，要取得这些回报，投资者或其顾问必须真正知道自己在做什么，他必须具备这种知识，才能在各种类型的股票投资中持续取得巨大的成功。

其他值得关注的行业

二战以来，工资一直在稳步上涨。在这一背景下，一家公司若是能够研发出新产品，提高员工的工作效率和质量，就将具有巨大的投资吸引力。因此，如果不提及机械行业，那么任何列示20世纪60年代有吸引力投资机会的清单，都将是不完整的。

优秀机械公司的基本面与优秀的化工、电子或制药公司的基本面没有什么不同。在这些产业中，生产、销售和研发的优势共同决定了投资的成功程度。然而，在这一总体框架内，投资者在调查机械公司的发展潜力时，有两件事是应该特别考虑的。这两件事不仅适用于提高生产线产能的设备制造行业，同样适用于机械行业的重要细分领域，也就是协助存档记录人员工作的办公设备领域。

第一件事，公司能否不断推陈出新，让客户渴望不断购买新产品来取代旧产品。除个别特例外，机械行业缺乏许多其他行业所享有的优势，这些行业可以确保现有客户会持续跟它们做生意，因为它们的产品不是一次性消耗品（如食品、化工品或纸张），就是每隔一段时间必须更换的产品（如纺织品、油漆或轮胎）。一些机械设备在移动的过程中会发生晃动或碰撞，在使用一段时间后就会磨损，因此每隔一段时间就要更换一次（尽管有时更换的周期相当长，汽车是这方面的重要典型案例）。然而，大部分机械行业的产品都被设计用于一个地方，避免了这些特殊的损害。虽然关键部件或组件会磨损，必须不时更换，但大多数此类固定设备只要更换一些基本部件，就可以保持长期运行。这意味着大多数机械制造商只能依靠两个市场。一个是所服务行业规模的扩大，这样客户会想要更多相同的设备。只在少数情况下，一家机械制造商才能够幸运地服务一个不断扩张、为它持续提供成长市场的行业。因此，为了实现持续增长，机械制造商必须依赖第二个市场，而这也通常是更大的销售来源，那就是通过对现有设备进行更新改造，降低设备的运行成本，或提高产品质量。这就是为什么在投资机械领域时，如果在一次性的股价上涨之外想要获得更多回报的话，必须确认机械公司是否在产品设计方面始终拥有创新性人才。

想要投资机械行业各个细分领域的投资者，要特别关注的第二件事是，产品售出后公司是否有能力提供适当的售后服务。除非经常晃动或碰撞，大多数机器都会使用很长一段时间，但很少有机器能在长期使用之后，不耗损一些零部件或需要调整维护，许多机器十分复杂，用户在出现问题时可能无法自行处理。在许多远离工厂的地方维修这些机器，可能既困难又昂贵。然而，如果无法做好售后服务，往往会招致许多客户的不满，进而危及业务的基本健康。相比之下，如果服务做得好，则不仅可以让客户与公司保持密切联系，以便未来销售更多机械产品，还可以让服务费和备件销售本身也成为稳定且有利可图的收入来源，甚至还可以成为阻止新竞争对手进入该领域的一种手段，因为贴心服务大大增加了竞争者进入机械业务的初始成本。出于以上原因，对于考虑投资机械行业的人来说，仔细研究公司的售后服务，应该是一个重点。

基于相当重要的理由，新型金属材料被大多数投资专家认为是一个有增长前景的领域。自 60 多年前首次商业亮相以来，"铝"已成为第一个具有重要经济意义的工业金属，它在过去几十年实现了持续的增长，其增速远高于美国工业平均水平。所有迹象都表明，这种高于平均水平的增长仍将持续。镁是第二个出现的"轻金属"，也经历了类似的快速增长。在未来十年，它也有着同样令人兴奋的前景。20 世纪 50 年代下半叶，钛、锆、铍先后引起投资界的关注，因为原子能、航空、导弹和化工等成长领域的特殊需求表明，这些具有不同寻常特性的金属将拥有广阔的市场。如果人们能进一步降低生产成本和制造难度，钽，尤其是铌，很可能会在 20 世纪 60 年代加入这份名单。谁能保证今天没有太大商业价值的金属或其他物质，不会成为未来科技的迫切需求呢？谁又能保证哪一个金属会为投资者带来丰厚回报呢？

我猜想，到目前为止，许多读到这些内容的人，已经抢先一步知道我想说的话了：过度依赖一个行业的性质来决定投资的吸引力，是有局限的，因为行业之间没有明确的分界线。通常，是否要对一个相当大的行业进行分类，例如，食品加工业是否应细分成肉类加工业、烘焙业、水果和蔬菜罐头业，这纯粹是人为的武断划分。对于希望确定一个行业投资特点的股东来说，比较重要的事实是，行业之间的界线比较模糊，目前没有人能给出清晰的界定。为了进一步探讨这一点，我们不妨回顾一下上一段最后几句话中的一个关键词，即"其他物质"。

从投资者的角度来看，钇的投资特征与铝并没有任何根本差异，作为稀土元素之一的钇，会被金融界自动归类为化工业，而铝则被大多数华尔街人士归类为金属业。这两种物质都是化学元素，都是经由纯粹的化学过程被加入到商业产品中的。对投资者来说，最重要的是，这两种物质的加工过程都比从地下挖掘含有钇或铝的矿石（采矿）要复杂得多，因此这两个领域里的公司，在投资方面的相似之处，要远多过其各自与生产铜、锌、铅、银等采矿业公司的相似之处。

然而，这里还需要做进一步的分类。在今天的技术条件下，铜的开采与提炼，完全不同于化学工艺复杂得多的铝或镁。因此，从投资的角度看，只有从事综合业务的铜公司且只在其业务的制造端，才和铝业或镁业公司存在相似之处。但这种差异可能并不会永远如此，多年来，人们尝试了许多新的化学工艺，通过全新的工艺生产一些古老的工业金属，尽管目前的商业成功程度并不相同，但如果这些方法在经济上最终被证明是成功的，那么采矿业一些传统细分领域的投资特征可能会与现在大不相同。从实际投资的目的出发，一些今天我们认为属于采矿业的公司，在未来几年可能会变成化学公司。简而言之，不仅行业间投资特征的界限尚未明确，在 20 世纪 60 年代这样一个技术必然快速发展的时代，今天存在的界限可能也与明天大不相同。

在金融界任意划分的行业分类中，如果有这么多纯粹武断的东西，那么花这么多时间研究不同行业的投资特征还有意义吗？从投资收益最大化的角度看，我相信是有的。例如，对于 IBM 来说，将其归类为电子行业、机械行业或是从属于机械行业的办公设备行业，都是可以的。重要的是，在考虑其是否具有吸引力时，投资者必须了解公司是否有能力持续开发更好的设备（此类设备不会很快磨损），以及提供维修服务，这两点是评估机械股时应该特别考虑的。同样重要的是，投资者还要了解 IBM 的股票是否符合电子类股票的某些基本标准，即我在讨论电子行业时，提到的四个需要特别注意的问题：在研发方面保持领先地位的能力、国防和民用业务的相互关系、产品线是否容易获得客户认可并在一定程度上避免价格竞争，以及销售能力。当然，这些重点事项都不能免除投资者必须自行承担的责任，即确定 IBM 或任何其他投资是否拥有管理良好公司的其他特征，例如，高效生产的能力和有效管理员工的能力。然而，了解行业的投资特征之后，确实可以快速确定：我们的需求以及现有投资的类型。

由于金融界非常关注公认的成长行业，因此一些杰出的投资机会并不出现在这些行业的核心，而是在它们的边缘地带。例如，在 20 世纪 50 年代的最后 15 个月，投资者开始关注到新罕布什尔州一家名为微型精密轴承的小型公司的长期潜力。该公司的主要投资特点如下：该公司是一系列微小型滚珠轴承最大的生产商，也是成本最低的生产商之一。与较大或常规尺寸的轴承相比，这些微小型轴承的卓越质量，似乎预示了其未来几年高于平均水平的成长前景。它们不仅符合许多地方正在兴起的小型化理念，而且它们在导弹领域的优势使人们似乎可以肯定，无论众多相互竞争的武器系统中谁成为最后的赢家，都会越来越多地使用这些微小组件。与此同时，它们还被用于一些重要的民用领域，比如高速牙钻，因此，该公司的未来，并不完全维系于军事业务。该公司还拥有同样受关注且受专利保护的、处于商业生产早期阶段的大型轴承，该轴承与国防业务完全无关，这进一步强化了这一因素。由于这些微型轴承具有明显的市场潜力，其他一些公司，包括一些规模大得多的老牌轴承制造商，都在努力进入这一领域。然而，独特的生产技术和质量保障，使这家小公司至今仍能保持最大供应商的地位，制造技能、营销技能和对特殊冶金技术的掌握，保证了该公司未来持续稳定发展。

这家公司属于不太受瞩目的金属加工行业，其增长因素与备受瞩目的电子和机械行业密切相关。该股票具有投资吸引力的关键，在于所涉及技术的难度。如果其他公司能够很容易达到或超过领先供应商的水平，满足这个行业里客户的严苛要求，那么微型精密轴承公司的股票将没有什么投资吸引力可言。但由于这并不容易，而且从经营理念和管理层素质来看，公司都显示出了继续保持领先的强劲前景。1959 年，在这家公司身上看到了真正的成长股投资机会。随着 20 世纪 60 年代制造技术变得越来越复杂，应该会出现更多这样的机会。需要关注的关键因素首先是，今天处于领先地位的公司未来随着行业的发展能否继续维持其市场份额，其次是产品未来的增长空间。

这些观点不足以反映 20 世纪 60 年代将出现重大投资机会的所有行业的全部特征。我怀疑是否有人对美国商业的方方面面都足够了解，但我确信自己达不到这种水平。然而，我确实想提及另一个主要领域，我认为在这个领域将持续出现重大的投资机会。那就是提供服务而不是产品的公司，它们拥有独特的地位，使大多数人需要某些特定服务时会来找它而不是其他公司。我要举的过往案例，是那些提供了重要商业信息的公司。20 世纪 60 年代，机会可能出现在这些提供信息的公司中，因为对更多、更好数据的需求将不断增长，机会则可能出现在这些为客户提供不同类型数据服务的服务型公司中。

在整个 20 世纪 50 年代，邓白氏公司的股票对其持有人来说都是一笔回报丰厚的投资，这家公司已经成为日常信用信息的主要提供者。随着业务的增加，此类数据需求也变得越来越多，该公司已经建立起业务基础，来满足这些需求，并且不增加相应成本。

同样，在 1958 年底，A.C. 尼尔森公司的股票首次向公众发行。由于金融界对其新业务不熟悉，因此其股票的投资特色并没有得到应有的关注。由于其是投资者在 20 世纪 60 年代应该留意的投资类型典范，因此对该股票进行更详细的研究可能会极具价值。尽管公司有一些其他业务，但大部分利润还是来自向美国大量优秀的消费品（罐头食品、香烟、香皂、纸制品等）制造商提供准确的实时数据，帮助它们了解自己和竞争对手产品线的每种商品在各个地区的销售情况，这些数据是通过对精心挑选的样本零售店进行实际调研得到的。由于为许多客户提供该服务的费用，比制造商自己进行，甚至是一些制造商合作进行调研的成本都要低，因此除非该公司向客户提供的服务质量出现明显下降，否则新进入者不太可能抢走其业务。与此同时，该公司的业务在年复一年地以惊人的速度增长，这主要归功于 3 个独立的增长因素，分别是：①现有客户在越来越多细分领域使用该服务；②公司正在为越来越多不同类型的产品开发这一服务，这一增长因素似乎有更大的可能性；③将这些服务扩展到海外业务，其获利才刚刚开始。最后，在过去几年里，该公司也开始从收视率和优惠券处理服务中获得收入，这些服务也刚刚开始盈利。并非由于其业务已经增长多年，而是由于在未来的许多年中，其业务很有可能实现同样稳定的增长，因此 A.C.尼尔森的股票在上市六个多月后，便为其投资者创造了可观的利润。大型机构投资者也都认为，这是一只成长股，内在安全性也符合它们的要求。

　　有人可能会问，为什么要讲有关 A.C.尼尔森的这些细节呢？本质上讲，这是一个相当独特的业务，这也意味着出现另一个跟它一样的投资机会的概率很低。对此我的回答是，这正是我想要说明的、即将成为绝佳投资对象的服务业的特点。只有那些提供独一无二、其他公司无法轻易复制其服务的公司，才可能成为伟大的投资对象。然而就整个经济来看，服务业务的增长速度，远高于提供实体产品的业务。随着邓白氏和 A.C. 尼尔森出现在投资舞台上，我猜测，其他公司也会在未来十年中涌现出来。只要它们满足杰出投资对象的全部基本要求（公司拥有具有高道德标准且能力非凡的管理层，他们能够驾驭企业活动并实现业务的超常增长），就非常值得期待。而且基于这样或那样的理由，通常会有足够高的进入壁垒来防止外来者进入，从而使公司能够继续获得预期增长的市场份额。然而，在少数情况下，如果增长潜力足够大，并且公司的管理层能力极强，这个服务领域的某个专业细分领域，仍可能出现重大的投资机会，至少从表面上看，这些细分领域似乎缺乏天然屏障，来阻止其他公司进入。

A.C. 尼尔森首次公开募股之后，投资界最近又发现了这类投资机会，我指的是万宝盛华。这家公司成立于 1948 年，是全美最大的、致力于为各种业务需求提供短期人力资源的组织。截至 1959 年 6 月，该公司及其授权机构在全美 40 个州以及 10 个海外国家，共设有 166 个办事处。许多美国最大的工业、金融和零售公司，经常都需要它的服务。如果公司没有满足实际需求，就不会出现这样的增长。该公司明白，从个人律师事务所到大型公司，员工生病、休假或临时异常多的工作量，都会让它们需要可短期雇用的专业人士。与此同时，家庭主妇、学生、教师、退休人员等群体中，存在着大量拥有这些技能的人才，他们可能希望一周工作几天或一年工作几个月，但并不寻求全职工作。万宝盛华将这些人派驻到其各种客户那里，并根据他们实际的工作时间，为他们支付薪水，这样客户既解决了寻找临时专业人才的困难，也避免了将他们录用为正式员工的各种费用。考虑到如今的"员工福利"、保险费用和其他隐藏工资费用，节省下来的费用，通常可以完全抵消万宝盛华超过基本工资的收费，除此之外，还消除了选到不合适临时工的风险，因此万宝盛华的业务快速增长也就毫不奇怪了。

　　然而，这个生意真的适合长期投资吗？在任何社区建立这样一个组织都只需要相对较少的资本，凡是在一个城市或郊区，有很多朋友和熟人的人，都可以发挥聪明才智并利用销售技巧，在当地获得一定量的业务。这难道不就是那种，许多人都可以轻松参与竞争，因此通常没有什么投资吸引力的领域吗？

　　万宝盛华的服务是一个较新的领域，因此未来我们才能给出答案。然而，我相信，尽管存在上述明显的缺陷，但万宝盛华的内在价值还是会得到证明，而其股价大幅上涨也是合理的。万宝盛华的管理层展现出了极强的创造力，成功地开拓了在许多不相关领域的服务业务。它的办公室部门可以为客户提供具备各类技能的人员，从速记员、总机接线员、档案管理员，到簿记员、制表员以及更复杂的现代办公设备操作员等。它的工业部门则可以提供更广泛的技能人员，如仓库工人、看门人、库存盘点员、通讯员和洗车工。其销售辅助部门除了提供基本的销售人员外，还提供在市场数据研究方面受过专业培训的演示员、模型师和市场数据调查人员。其技术部门提供的临时专业人才，包括工程师、绘图员和会计师等。有了这些经验，万宝盛华已经学会了如何出去争取生意，以及如何降低自身的经营成本。它设定的收费，可能会使新来者难以与之竞争，因为对方既没有足够的业务量，也缺乏向客户推广业务和找到有兼职意愿专业人士的经验。

希望在 20 世纪 60 年代服务业中寻找理想投资机会的投资者应该记住，这一行业中为他们提供投资机会的新业务，将与我引用的例子有很大不同，就像邓白氏、A.C. 尼尔森、万宝盛华彼此之间并不相同一样。许多业务因其本质，并不适合长期投资，在考虑各家公司时，投资者应该问自己三个问题：这个行业有望实现巨大的增长吗？这家公司的管理层真的很出色吗？在这一行业获得领导地位，能否保证后来进入该行业的其他公司无法以相对较小的劣势与之竞争？只有当这三个问题都能得到肯定的回答时，这个投资机会才具有最大的吸引力。届时，这些股票将会在未来 10 年内给我们带来最丰厚的回报。

战后几年的伪成长股

一种常见的投资谬误，往往导致许多投资者无法取得理想的投资回报，那就是无条件认为最近发生的一切肯定会在将来无限期地持续。许多投资媒介很明显为保守型投资者提供了比大多数铁路股更高的回报前景，全美各地的机构买家把大部分股票仓位配置在这些股票上，主要是因为大家都这样做。同样，由于纸张、水泥和木材等行业的股票，都为股东创造了巨大的回报，如果将其 20 世纪 50 年代末的价格与 10 ～ 20 年前的价格进行比较的话，我相信其中许多股票都享受着投资的光环，在对近期发生的一切进行严格检视之后，会发现这种涨幅其实是没有正当理由的。

这些行业的特点之一是它们需要大量的资本。水泥或造纸厂的每吨产能都需要高额的资本投入。木材厂不需要高额的生产成本，但购买工厂设施、维持木材存货以及获取林地的所有权同样需要大量的资金投入。

现在让我们回到大萧条的 20 世纪 30 年代。纸张、水泥、木材这些行业是当时最萧条的几个行业。这些行业因为不同程度的产能过剩，使得厂房闲置，而运营中的工厂，也利润微薄。结果，由于股价通常与利润而不是固定资产有关，因此与水泥厂、造纸厂和它们所拥有林地的原始成本相比，这些股票的股价大多出现大幅折价。

二战后不久，这些行业发生了巨大变化，这种变化主要表现在两个方面。一方面，影响几乎所有行业的经济增长浪潮，意味着水泥、纸张和木材的需求激增，以致不仅需要利用战前所有剩余产能，还需要建造更多的工厂。与此同时，第二股影响力也开始显现。战后螺旋上升的通货膨胀导致价格结构发生变化，每增加一吨水泥或纸张的工厂产能，都需要比 20 世纪 20 年代高得多的成本，目前较新的工厂，大多数都是在那个年代建造的。同样，要获得额外的可砍伐林地，也必须支付同等的额外成本才行。

由于所有这些新增的设施，都是真正需要的，市场立即因应这种价格结构，让新投产的产能，可以在战后成本基础上获取正常的利润。但还要关注这对战前工厂的盈利能力产生了什么影响，这些战前工厂仍然贡献了这些行业绝大部分的产出。由于它们现在产能利用率达到 100%，相较战前产能过剩时，利润已经大幅增加。然而，除此之外，它们现在的价格结构，可以让成本更高的工厂也能获得可观的回报。难怪，这些公司的利润大增，而且股价涨幅如此惊人。

我相信，除了几个特例外，这些股票在 20 世纪 60 年代不会是杰出的投资机会，这并不是因为这些股票在战后几年的价格大涨并不完全合理，而是因为前述共同造成这种大涨的两种因素，不会再度出现。其中之一的通货膨胀，可能会像最近一样，大家仍然会持续感受得到。但是，由于这些行业在通胀环境下很兴盛，并且很可能会继续增长，因此几乎没有可能再一次出现股价因估值从低位到正常回归而大涨的情况。

将水泥股、造纸股和木材股的市场表现与化工股、电子股和医药股进行比较后发现，在 20 世纪 30 年代后期，后者从未出现过超低估值，它们的市盈率一直相对较高，市净率也常常是几倍。自那以后的大涨，几乎都是源自它们在此期间创造的新产品，在很大程度上归功于研发和工程设计方面的巨大投入，这种增长必然会在 20 世纪 60 年代继续下去，这完全不同于在水泥股、造纸股和木材股中发挥重要作用的一次性的"贫穷到体面"或"贫穷到富有"的变革。

　　当然，考虑到不同公司之间存在各种差异，对于具体公司而言，不应在没有对其进行具体分析的情况下，因其所处行业就做出全面的一般性结论。有些化工和电子公司，因其试图在这些充满活力的行业中竞争而引人注目，但它们却逐渐消亡了，似乎是因为缺乏开发新产品的诀窍。相反地，一些杰出的纸业公司，像舒洁和皇冠泽勒巴赫，却通过巧妙地开发和营销重要的新纸制品，数十年里不断扩大自己的业务，并为股东创造了巨大价值。二战后几年内一系列纸制品，如餐巾纸、手巾纸、纸杯，尤其是牛奶和冷冻食品纸盒，人均消费量飞速上升，这都要归功于舒洁公司和皇冠泽勒巴赫公司的优秀管理层。然而，随着塑料和合成纺织品的价格稳步下降，其特性也越来越多样化，化工业给某些纸制品市场带来的挑战也变得越来越明显，如一次性杯子、某些冷冻食品的容器和干洗店的袋子。在 20 世纪 60 年代，我们将看到领先的纸制品生产商能否抵挡这些挑战，或者面对不断改进的合成纺织品，他们能否开辟新的销售市场，例如一次性纸制服装。

　　还有一个更伟大的行业应该被提及，近年来它备受关注，尽管在 20 世纪 60 年代它可能无法提供与二战后早期相媲美的投资机会。当然，我说的就是石油股。20 世纪 50 年代末，最受投资圈青睐的股票，莫过于石油股了。即使在 1958 年，各种机构持股统计也都显示出，对石油股的热情没有丝毫减少。大多数此类统计清单显示，机构持有的石油股占比高于任何其他行业的股票，尽管出于先前解释的原因，这些统计数字并没有太大意义，因为行业分类的定义是很武断和随意的。

然而，在这之后，金融界对石油股的热情，突然出现了明显下降。原因很多，但不难发现，在美国，石油需求的年度增长速度略低于人们的预期。此外，未来还有两个因素，有可能进一步影响预期增长。一个是美国公众对低油耗的小型或"经济型"汽车表现出的意外喜爱。另一个是其他燃料给用于工业和供暖的石油，带来了价格竞争压力。与此同时，随着越来越多埋藏较浅且易于开采的国内石油来源被逐渐发现，从地下开采石油的成本，正在随着需要挖掘的深度增加而稳步上升。考虑到这些情况，许多投资者不免要开始怀疑，在收入和利润稳步增加，而且地下石油储量不断增加的背景下，他们是否应购入更多这个过去 15 年涨势最大的石油股。

对于那些像我一样认为，未来多年有着非凡增长前景的股票，才是大多数人唯一值得持有的股票的人来说，我觉得有很多理由，去高度重视目前对石油股的批判性评估。与许多行业相比，影响大多数石油生产公司利润水平的最关键因素，是其产品的价格。由于发现新的油田越来越难（因此也越来越昂贵），并且该行业的工资和其他成本像所有其他行业一样不断上涨，如果石油公司的利润要大幅增长，就需要进一步提高原油价格。然而，世界各地发现了大量的石油，这让我相信，在全球范围内，这种价格增长不太可能。在国内，即使现有的价格结构，也在很大程度上取决于政府设定的进口配额与各州的强制性摊派，在我看来，价格大幅上涨从政治的角度来说是难以接受的。

　　然而，如果今天情况的变化，可能导致石油股让仍然拥有它们的许多狂热支持者失望的话，我相信，它们同样会让极端的批评者也感到失望。石油供应过剩虽然会使石油股没那么有吸引力，却可以为大多数产油国提供长期的强力保护。炼油厂里的石油没有多大经济用处，因为它必须被运送到遥远的地方进行销售，而只有大公司才拥有靠近客户网点的邮轮和存储设施。最重要的是，只有它们才拥有销售组织。与此同时，如今石油供应十分充足，如果任何国家或政治群体试图阻止石油进入市场，其缺口很容易便可由其他地方补足。加拿大、委内瑞拉、印度尼西亚、中东阿拉伯国家和伊朗等，不太可能总是一致行动。现在，北非以及拉丁美洲的其他地区正在兴建大型储油设施。在这种情况下，谈判中的主导权并不完全掌握在生产国手中。虽然一些政治团体可能随时在某个国家夺取控制权并停止石油生产，但这种行动往往代价很大，而且也都是暂时的。

　　然而，即使生产国没有完全掌握谈判的主导权，但它们仍然具有很强大的影响力。我的猜测是，最近的趋势将在 20 世纪 60 年代延续，这些国家的税收（或它们在总利润中的比例）将缓慢但稳步地增加。这意味着，石油公司每生产一桶石油赚的钱将越来越少。但另一方面，随着全球石油需求的增长，总产油量将持续增长。我进一步猜测，这两种影响将相互抵消。这意味着，在未来几年里，大型国际石油公司的股票，既不会像过去那样表现出色，也不会像某些危言耸听者说的那样，成为投资风险的来源。

如果在这一点上我是正确的，这确实意味着投资石油股的黄金时代已经结束，这与美国最优秀石油公司知名管理层的观点正好相反。如果在这个曾经如此受青睐的领域好时光已经结束了，那么也许，另一类能源行业（煤炭业）的好日子就要来了，而多年来煤炭业一直被认为是最不值得投资的行业。如果拥有富有创造力且可以打开新局面的管理层，也许随着煤炭挖掘机械化和煤化工技术的持续发展，一些煤炭公司将迎来新的前景。